新时代高校形象管理研究

刘艺　余丹　著

重庆出版集团　重庆出版社

图书在版编目（CIP）数据

新时代高校形象管理研究 / 刘艺，余丹著 . -- 重庆：重庆出版社，2022.9

ISBN 978-7-229-17162-9

Ⅰ . ①新… Ⅱ . ①刘… ②余… Ⅲ . ①高校管理－研究 Ⅳ . ① G647

中国版本图书馆 CIP 数据核字（2022）第 175274 号

新时代高校形象管理研究

XINSHIDAI GAOXIAO XINGXIANG GUANLI YANJIU

刘艺　余丹　著

责任编辑：袁婷婷

责任校对：杨　媚

装帧设计：优盛文化

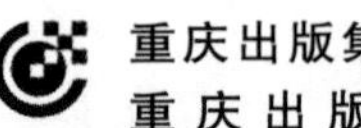

重庆出版集团　重庆出版社　出版

重庆市南岸区南滨路 162 号 1 幢　邮编：400061　http://www.cqph.com

三河市华晨印务有限公司

重庆出版集团图书发行有限公司发行

E-MAIL：fxchu@cqph.com　邮购电话：023-61520646

全国新华书店经销

开本：710mm×1000mm　1/16　印张：12.75　字数：230 千

2023 年 3 月第 1 版　2023 年 3 月第 1 次印刷

ISBN 978-7-229-17162-9

定价：78.00 元

如有印装质量问题，请向本集团图书发行有限公司调换：023-61520417

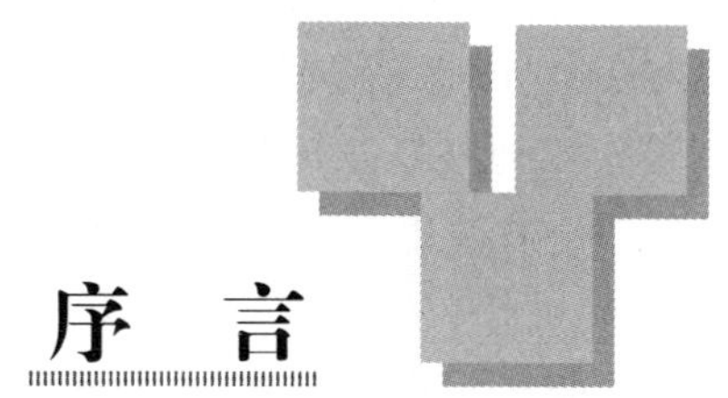

序 言

2022年的6月6日，我正在看电视新闻，接到了一个陌生来电，没有想到听到的是清澈熟悉的声音："刘教授好！我是刘艺，不好意思打扰您了，我知道您平日的工作多、创作多，一定很忙，不知道您能否从百忙之中抽出时间，给《新时代高校形象管理研究》写序？"本来，我确实忙，我要给《中国插画》写序，要指导学生论文、主编学报、评审国家课题，要进行科普创作，要主编新教材《黎族传统文化》等，但我欣然表态："好，我给你写序。"翻开重庆出版社即将出版的刘艺、余丹专著《新时代高校形象管理研究》书稿，我觉得耳目一新。我意识到这是一本值得推荐的学术专著，其结构布局规范，论点正确鲜明；行文简练准确，逻辑推理严密；思路清晰透彻，论证科学严谨。

一、布局规范，论点鲜明

作为一本专著，力求结构布局规范，论点正确鲜明。近年来，随着我国高等教育改革的不断深化，以及我国高校国际化步伐的不断加快，各高校之间的综合实力、社会形象的竞争日趋白热化。高校形象是增强师生员工凝聚力与归属感的重要因素，是体现现代高校竞争实力的重要因素之一。因此，塑造和管理高校形象成为高校竞争和发展的核心武器，《新时代高校形象管理研究》的出版具有重要价值。全书分为六章，第一章论述了高校形象管理的内涵、特点与功能。第二章论述了CIS理论、公共关系理论、营销传播理论。第三章论述了高校形象管理的影响因素及面临的机遇与挑战。第四章论述了高校形象建设的内涵、意义、原则及创新途径。第五章论述了高校形象传播的特点、原则、价值及创新策略。第六章明确了新时代高校形象维护主体、舆情管理视域下，新时代高校形象维护的特点与路径、跨文化视域下新时代高校形象传播与维护的方式方法。

刘艺、余丹对高校形象、高校形象管理的内涵进行详细阐释。高校形象是高校综合实力的表征，是社会公众对高校的价值追求、功能作用、地位层次、基本特征等方面的一种共性反映和普遍评价。他们提出，高校教师形象的内在美体现在高校教师的道德美、品质美和才学美三个方面。其中，道德美是高校教师最基本的形象要求，也是公众对高校教师的心理期待。这样的提法在当下，实在是难能可贵。道德美的高校教师通常具有较高的责任感和强烈的使命感，能够在教学中将学生的利益放在首位，有利于学生的成长和发展。品质美是高校教师形象的重要组成部分，主要指由教师的行为、作风所表现出来的教师的内在品质。刘艺、余丹认为，教师的品质美包括正直、善良、无私、诚信、宽容、勤劳、勇敢等。高校教师只有具备较高的品质美，才能具备崇高的敬业精神和教师职业认同感，从而提升教师教学质量。作者在提出道德美、品质美的时候，没有忽略才学美，认为才学美是高校教师形象的关键所在。高校教师应掌握广博的专业知识、拥有过硬的教学本领，才能不断提升自身的教学水平，才能在学生心目中树立威信，提高教学效果。论点正确鲜明，让人深受启发。

二、行文简练，逻辑严密

作为一本专著，力求行文简练准确，逻辑推理严密。高校形象属于组织形象范畴，关于高校形象的概念，我国学者从不同视角给予了不同的阐释。高校学生是高校形象建设和传播、维护的主体，学生形象是高校形象的重要组成部分。刘艺、余丹认为，高校学生的形象包括学生的个人素养和外在形象两个方面，高校学生形象是社会公众对高校教学质量和高校作风进行评价的重要标准之一。高校形象是一个高校区别于其他高校的重要特质，是公众对于高校的内在特点和外在表现的总体印象和评价，是公众在对高校感知的基础上形成的主观评价。从高校自身分析，高校形象的构成要素大体可以划分为内在因素和外在因素两种类型。其中，高校形象的内在因素包括办学理念、学校精神、学生素质、校风、学风等，外在因素则由校园环境、校园建筑、社会活动构成。从公众评价角度分析，高校形象评价指标主要包括知名度、美誉度两个方面。高校知名度指高校被社会公众所熟悉和了解的程度，高校的知名度高则说明高校受到社会公众的关注程度高。高校的美誉度与知名度相比，更侧重质的指标，是公众对高校形象的认可、赞许程度。刘艺、余丹强调，高校形象中包含着积极向上的价值观，能够在潜移默化中影响高校师生的世界观、人生观的形成，引导全体师生员工对各种价值标准进行分析、判断和选择，使每个成员的道德观、价值观等都与学校的共同价值观相统一。她们认为，知名度高于美誉度的高校，一般指虽然知名度较高，但教学质量和科研能力并不突出的高校。这一类高校面临着通过练好“内功”，树立高校的良好形象来提高美誉度，改变公众对高校的固有印象的任务。美誉度高于知名度的高校，大多为“内功”较好，但不注重高校形象传播的高校。这一类高校应进一步加强高校形象传播，提升高校教职员工和学生的媒介素养。刘艺、余丹结合中国著名高校清华大学、北京大学、中国人民大学、武汉大学、复旦大学、厦门大学、湖南师范大学等进行分析，还结合世界著名国外高校哈佛大学、剑桥大学、牛津大学进行比较分析。逻辑推理严密，具有说服力。

三、思路清晰，论证严谨

作为一本专著，力求思路清晰透彻，论证科学严谨。新时代，随着我国市场经济的进一步深化，以及我国“双一流”工程的实施，知识经济时代的发展，在国内和国际环境的影响下，高校面临着越来越激烈的市场竞争，而塑造和建设良好的高校形象，能够有效提升高校竞争力，引导更多来自世界各地的优秀学子加入，推动高校朝着良性可持续的方向发展。新时代高校形象建设需要价值效能，是时代的要求，发展的需要。刘艺、余丹提出，新时代高校形象建设的价值效能，主要体现在新时代高校形象建设是否有利于提升高校的社会竞争力，能否体现高校的社会价值。良好的高校形象，往往以高校的办学实力和教育质量作为保障，从而有利于提升高校的知名度和美誉度。刘艺、余丹认为，新时代高校形象建设需要整合效能。所谓整合，是指将一些零散的东西通过某种方式衔接起来，从而实现信息系统的资源共享和协同工作。整合的精髓在于将零散的要素组合在一起，并最终形成有价值有效率的一个整体，通过结合，发挥最大的价值。高校形象建设具有较强的整合效能，涉及高校工作的方方面面。从文化角度来看，包括高校精神文化、物质文化、制度文化和行为文化；从涉及主体来看，包括高校领导群体、教师群体、学生群体以及高校其他工作人员群体。而高校形象一旦建立，即成为了一种黏合剂，使高校各种资源得以通过整合产生最大价值，形成独特而强大的向心力和凝聚力，使师生员工为了达到共同的目标，为了传播和维护高校的良好形象而齐心协力、服从大局，每个高校成员对学校都有强烈的义务感、责任感和荣誉感，从而出色地完成各项教育、教学科研任务和学习任务。刘艺、余丹认为，新时代高校形象建设需要传播效能，良好的学校形象具有传播推广自身的效能，还能提高学校在社会的知名度和美誉度，增加学校的无形资产和吸引力，在高质量生源的招录、社会的理解与认同等方面，具有积极的意义。高校形象是一个有形要素和无形要素的综合体，有形要素包括校名、校徽、校园建筑等，无形要素包含办学思想、精神文明等。对高校进行形象塑造就是要以办学理念为核心，把所有形象要素进行整合，形成一个统一的、个性鲜明的学校形象，并利用各种传播媒介，将其及时、准确、有效地传播出去，以获得社会公众对学校的认可。论证科学严谨，值得肯定。

刘艺具有一定的超前思维，她在读本科的时候，便在思考和探究“管理与艺术之间的关系”，本科毕业论文“关于高校导入 UIS 的思考”，试图结合自己所学过的两个学科方向的知识，探索高校形象设计对于高校的意义。多年来，刘艺一直在进行一些品牌形象设计的实践。走上工作岗位后，从一开始担任高校艺术设计专业教师，负责与品牌形象设计相关的课程的教学，再到从事高校管理工作多年，其间设计了与高校形象有关的 LOGO、VI、海报、宣传册、包装、网页等，还在学习管理学、设计学、美学知识的基础上，努力学习公共关系学、传播学、心理学等方面的知识，为进一步研究高校形象管理夯实基础。对于刘艺，我十分熟悉。她是我在海南高校所教的第一批学生中让我印象最深的，作为学习委员的她，时常与班长带着一些同学，与我聊学业，并进行学术探讨。虽然我熟悉她的整个求学经历，但还是有“士别三日，当刮目相看”的感觉。刘艺与余丹都是湖南大众传媒职业技术学院教师，她们根据自身多年的学术积淀来确定自己的研究方向，视野开阔，角度新颖，思维敏锐，文字功底扎实，撰写的学术专著对于高校形象管理研究具有重要价值。

海口经济学院教授，海南大学硕士生导师 刘荆洪

目 录

第一章　新时代高校形象管理概述

第一节　高校形象管理的内涵

近年来，随着我国高等教育改革的不断深化，以及我国高校国际化步伐的不断加快，各高校之间的综合实力、社会形象的竞争日趋白热化。高校形象具有广泛的影响力和强烈的凝聚力，是现代高校竞争的重要影响因素之一。本节主要对高校形象、高校形象管理的内涵进行详细阐释。

一、高校形象的概念和内涵

“形象”一词在现代汉语中存在三种解释，如下所述。

其一，能引起人的思想或感情活动的具体形状或姿态。

其二，文艺作品中创造出来的生动具体的、激发人们思想感情的生活图景，通常指文学作品中人物的神情面貌和性格特征。

其三，是指人们通过视觉、听觉、触觉、味觉等各种感觉器官在大脑中形成的关于某种事物的整体印象，即各种感觉在大脑中的再现，而且含有人们对事物的认识、看法、评价等主观因素，这种形象是综合、立体、可以回顾的。[①] 本书所指的“形象”即指第三种含义。

高校形象属于组织形象范畴，关于高校形象的概念，我国学者从不同视角对高校形象的概念提出了不同的阐释。本书认为，高校形象是高校宣传、高校软硬件配置，以及社会媒体对高校的报道，高校基本精神及其外部表现在公众心中的总体印象。简而言之，高校形象并非高校自身的形象，而是公众对高校在感知的基础上形成的主观评价。

高校形象的内涵包括高校人员形象、高校教学形象、高校科研形象、高校人文形象、高校环境形象和高校媒体形象（见图 1-1 ）。

① 张彩霞．公共关系学[M]．合肥：合肥工业大学出版社，2015：125.

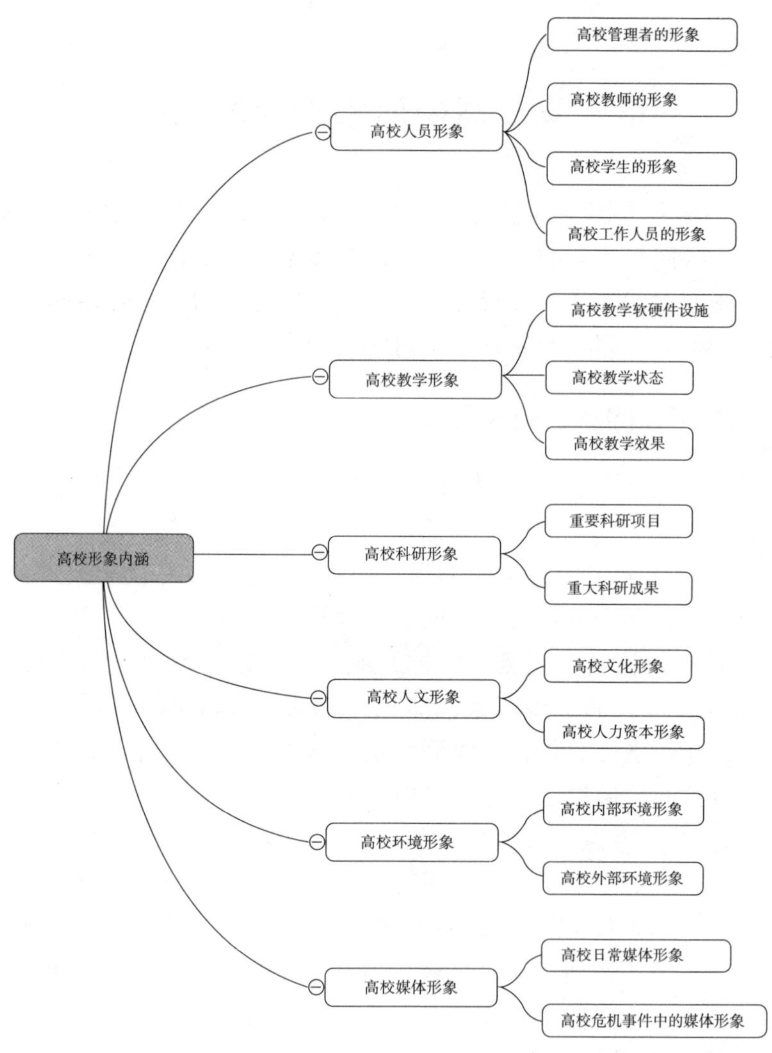

图 1–1　高校形象内涵示意图

（一）高校人员形象

高校人员形象是指在高校工作、学习的各种人员，包括高校管理者、教师、学生、工作人员等的形象。构建良好高校形象，需要高校每一位成员的共同努力。

1. 高校管理者的形象

高校管理者作为高校的顶层设计者和执行者，应当具有较高的道德修养、文化水平、专业技术能力，也应具有较高的管理才能、长远的发展眼光，拥有

较强的个人魅力，这样才能构建和谐、良好的高校工作和学习环境。

2. 高校教师的形象

高校教师是高校教学和育人的主体，高校教师的形象体现在两个方面，即外在美和内在美。高校教师的外在美主要体现在教师的衣着、举止、谈吐、姿势、表情、神态等。高校教师的外在形象能够直接作用于学生的心灵，是高校教师“身教”的重要组成部分。

高校教师形象的内在美则体现在高校教师的道德美、品质美和才学美三个方面。其中，道德美是高校教师最基本的形象要求，也是公众对高校教师的心理期待。道德美的高校教师通常具有高度的责任感和强烈的使命感，能够在教学中将学生的利益放在首位，有利于学生的成长和发展。

品质美是高校教师形象的重要组成部分，高校教师的品质美主要指教师的行为、作风所表现出来的教师的内在品质。教师的品质美包括正直、善良、无私、诚信、宽容、勤劳、勇敢等。高校教师只有具备较高的品质美才能具备崇高的敬业精神和教师职业认同感，才能提升教师教学质量。

才学美是高校教师形象的关键所在，高校教师只有掌握广博而浓厚的专业知识，拥有过硬的教学本领，才能不断提升高校教师的教学水平，才能在学生心目中树立威信，提高教学效果。

3. 高校学生的形象

高校学生是高校形象建设和传播、维护的主体，也是高校形象的重要组成部分。高校学生的形象包括学生的个人素养和外在形象两个方面。高校学生形象是社会公众对高校教学质量和高校作风评价的重要标准之一。

4. 高校工作人员的形象

高校工作人员主要指除高校管理人员、教师之外的行政人员和后勤人员。高校工作人员的良好形象主要体现在其爱岗敬业，有礼貌、有素质，处理事情时在遵守规则的同时兼顾人情。例如，清华大学保安考上大学的故事即展现了清华大学工作人员踏实、努力、上进的良好形象。

（二）高校教学形象

高校教学形象是社会公众对高校教学软硬件设施、教学状态以及教学效果的综合印象和评价。

1. 高校教学软硬件设施

高校教学需要依赖一定的软硬件设施，其中，硬件环境是否优良直接关系到学生学习积极性的调动和提高。高校硬件环境既决定了能否为师生创造良好的学术环境，也直接关系着高校形象的优良与否。

一所拥有整洁干净的现代化教学楼、体育馆、图书馆、学术报告厅、宿舍楼等优良硬件设施的高校与一所拥有简陋、陈旧楼房的高校相比，两者的形象优劣显而易见。

高校教学软件设施也是塑造高校教学形象不可或缺的重要因素，包括师资力量、教师素质、各类社团及活动、学术及科研成就、科技成果、各种教学设备等。

2. 高校教学状态

高校教学状态主要指高校专业设置是否符合社会发展的最新趋势，高校课程安排是否科学合理，高校教师的教学态度是否端正，高校教学管理是否科学、先进等。

3. 高校教学效果

高校教学效果包括两个方面，一方面，高校在校生的学习水平和实践情况的合格率与达标率；另一方面，高校毕业生的工作能力和对社会的贡献能力。

（三）高校科研形象

科研是高校的职能之一，高校科研形象是人们对高校的科研条件、科研能力、科研水平、科研成果的转化能力等方面的印象和评价。高校科研是国家科技创新的重要构成要素，在国家科技创新中扮演着关键角色。高校科研具有较强的学术价值、经济价值和育人价值，不仅对高校教育教学起着重要作用，还直接关乎高校的未来发展。从这一视角来看，增强高校科研力量，塑造良好的高校科研形象在高校形象塑造和管理中具有重大意义。

（四）高校人文形象

高校人文形象包括高校文化形象和高校人力资本形象两个方面，高校人文形象集中反映在高校校风上，是高校历史精神和时代精神的统一体，是高校形象的重要构成部分。

1. 高校文化形象

高校文化形象包括高校精神文化、高校制度文化、高校行为文化、高校物质文化。其中，高校精神文化是高校建设和发展的基础，具体体现在高校的办学理念、办学目标，高校历史等方面；高校制度文化主要体现在高校校风校纪、学习氛围、科研氛围、人文关怀等方面；高校行为文化反映在教职工的

教学、科研、学术交流等方面；高校物质文化则主要反映在高校校园环境建设方面。

2. 高校人力资本形象

高校人力资本是高校中从事教学、科研、管理、后勤服务等所有教职工总体具有的劳动能力的总和。高校人力资本形象是决定高校教育服务质量高低的关键因素。

（五）高校环境形象

高校环境形象具体可划分为高校内部环境形象和外部环境形象两个维度。

高校内部环境形象是指高校校园内部的综合规划，校园建筑特色、校园绿化水平、校园生活设施建设等在社会公众心中的印象和评价；高校外部环境形象则是指高校所处的区域、城市的整体形象。

以清华大学为例。清华大学校史悠久，孕育了独特的校园文化底蕴。清华大学内部环境兼具自然风光和人文建筑之美，舒适优美，整洁和谐，能够在潜移默化中带给学校师生正能量。从外部环境来看，清华大学位于圆明园遗址附近，且位于现代大都市、中华人民共和国首都——北京。而北京作为中国政治中心、科技中心、文化中心，具有非凡的发展潜力。由此可见，清华大学的高校环境形象十分突出。

（六）高校媒体形象

高校媒体形象是指媒体对高校教学、科研、人才培养、人文环境以及高校管理、高校在危机事件中的表现等报道所传递给社会公众的总体印象和评价。

媒体传播是社会公众了解高校形象的一扇窗口，也是高校了解公众评价的有效渠道。进入 21 世纪以来，随着互联网信息技术的快速发展，以互联网和数字技术为依托的新媒体迅速崛起，其与传统大众媒体不断融合，形成了强大的社会化媒体网络。高校媒体形象在高校形象中的地位越来越高，成为高校形象传播、优化和维护的重要组成部分。

二、高校形象管理的概念和内涵

高校形象管理，顾名思义，即利用各种资源对高校形象进行建设、传播和维护。高校形象管理的内涵主要包括三个维度。

（一）高校形象建设

高校形象建设是高校形象管理的关键要素，建设良好的高校形象对高校自身、高校学生以及高校所在地区均具有正面、积极的影响。

从高校的角度来看，建设良好的高校形象对内具有增强师生凝聚力和向心力的重要作用，对外则能够有效获得高校发展所必需的各种社会资源，提升高校的竞争实力。此外，良好的高校形象建设还有利于社会各界加强对高校的监督，促进高校的长远发展。

从高校学生的角度来看，良好的高校形象还能够为高校学生走向更广阔的社会舞台助力，影响高校学生的职业发展和人生规划。

从高校所在地区的视角来看，现代高校已不再是封闭的学术象牙塔，而是逐渐成为推动区域城市发展的重要力量，是城市发展的助推器。高校的主体是知识分子阶层，是人类知识和文明的集聚地；高校还是不断孕育时代思想、理论学说的场所，能够为整个社会输送大批高素质人才，从而带动区域城市整体文化素养的提升。

高校优良的校风和学风，不仅能够对本校学生产生潜移默化的影响，而且能够向所在城市辐射，从而带动整个区域城市的精神文明建设。

高校在进行教学和育人的同时，还肩负着科学研究和转化科研成果的重任。而科研成果的转化和落地，能够推动所在区域城市经济的增长。

高校形象建设是一项极为复杂的系统工程，其受多种因素的影响，非一日之功。高校形象建设需要高校管理者、高校师生、高校工作人员、高校所在地政府、媒体以及社会各界的共同努力，从高校所在城市的地域文化出发，结合高校的历史、办学方向和教学目标共同设计独具特色的高校形象。

（二）高校形象传播

高校形象传播是高校形象管理的重要组成部分，是高校形象建设完成之后的重要环节。高校形象传播是大众了解高校形象的重要方式。

中华人民共和国自成立以来就十分重视高等教育的发展。改革开放以来，我国高校逐渐改变了计划招生体制，逐渐从精英教育模式朝着大众教育模式发展。尤其是20世纪90年代末和21世纪以来，随着我国经济的快速发展，社会各项事业突飞猛进，对人才的需求越来越高。1999年，为了适应经济增长和社会发展的需要，我国推出了扩大高等学校招生的决策。随着高校扩招政策的实施，我国高校招生人数逐年增多，高校数量也随之增多，逐渐进入高校大众化阶段，并朝着高校普及化阶段发展。

2006年，国务院决定停止高校的大规模超常规扩招，并实行以提高质量为中心的高校改革和调整。近年来，我国不断出台鼓励高校创新，加大高校研发力度的政策，提升高校创新能力和教学质量。

新时代高校质量建设取得了一些硕果，我国高校质量向前迈进了一大步。然而，随着新时代发展环境的变化，高校的各项指标竞争越来越激烈。高校在加强教学软硬件资源、提升教学质量、大力发展科研力量的同时，还应加强高校形象建设。

酒香也怕巷子深。当高校形象建设完成后，高校应充分借助社会化媒体以及高校自建传播平台，大力进行高校形象传播，通过广而告之的方式，将高校形象传播出去，这样才能进一步推动高校的发展。

高校形象传播能够增强高校师生的凝聚力，提升高校师生的自尊心、自信心和自豪感，激发高校师生强烈的荣耀感和归属感，推动高校教育事业的快速发展；高校形象传播能够扩大高校的知名度和美誉度，彰显高校个性，树立高校特色和优势；高校形象传播还有利于帮助高校获取办学过程中所需的各种资源，引进高层次、高水平的办学人才，从而为高校发展注入活力。

（三）高校形象维护

良好的高校形象是高校的无形资产，在推动高校健康发展中起着不可忽视的作用。高校形象建立、传播开来后，还需要时刻对高校形象进行维护。具体包括高校形象监测、高校危机管理、高校优势的差异化评估、高校形象资产保护等内容。

1. 高校形象监测

高校形象监测是高校进行形象维护的基础。高校形象监测包括对高校形象的知名度、美誉度和忠诚度进行随时监测，并及时发现高校形象建设或传播中的不足，为高校形象的维护和提升提供良好的建议和意见。

2. 高校危机管理

高校危机管理包括高校危机预警、危机预防以及危机公关等内容。

高校危机预警是指在高校形象监测的过程中，一旦发现可能会对高校形象产生负面影响的因素时，应迅速采取措施，将可能出现的危机事件上报给高校管理人员。

危机预防是指针对危机预警，以及当出现危及高校声誉和高校形象的事件时，应及时做好危机事件预警和预防管理，及时有效地将危机事件扼杀在摇篮中以维护高校形象。

危机公关是指如果危机事件已经对高校形象产生了危害，应及时采取措施，马上组织有关人员对危机事件中涉及的具体事件进行彻底调查，在第一时间了解事情的起因、经过、结果，并且对事件进行客观分析和判断，协助学校领导妥善处理事件。当事件事实调查清楚后，及时借助座谈会、记者会等途径向外界公布事件调查和处理结果。在整个危机事件处理的过程中，高校应秉持坦诚、公开、负责的原则，接受公众的意见和批评，获得公众的谅解；不能罔顾事实，对外封锁消息，从而导致事态蔓延，无法挽回。

危机事件过后，高校应及时采取行动，修复受损的高校形象，并在此基础上进一步重塑和提升高校形象，从而使高校形象具有鲜活而长久的生命力。

3. 高校优势的差异化评估

现阶段，我国正处于一个快速发展的阶段，高校所处的环境在不断变化，高校师生以及高校所在区域的公众对高校的期望也在不断变化中。

近年来，随着高校竞争越来越激烈，一些原来具有鲜明特色的高校，由于被其他高校所模仿，原有的项目特色优势已逐渐消失。为了适应不断变化的环境，高校必须时刻保持警惕，对高校优势的差异化进行评估，以便巩固和保持高校的竞争优势。

除此之外，高校应关注市场的发展与变化，及时察觉并培育新的增长点，以便扩展高校的竞争力。高校还应定期进行公众调查，根据公众期待及时调整高校发展策略和更新高校形象，保持高校形象的活力，推动高校形象的可持续发展。

4. 高校形象资产保护

高校形象资产保护是指对高校的校标、校名、校训等高校重要的精神资源进行保护。

例如，清华大学，分别对毛体“清华”、毛体“清华大学”“TSINGHUA”“Tsinghua University”“清华大学校徽”“清华钟形图案”“清华大学二校门图案”“清华大学百年校庆标志”进行了商标注册（见图 1–2）。

除清华大学外，北京大学、浙江大学等高校也纷纷申请商标，对高校形象资产进行保护。

TSINGHUA　　Tsinghua University

图 1–2　清华大学已注册的商标

第二节　高校形象管理的特点

新时代高校形象管理面临着新的机遇和挑战，呈现出独特的特点。本节主要对高校形象管理面临的机遇和挑战，以及高校形象管理的特点进行详细分析。

一、新时代高校形象管理背景的变化

21 世纪以来，随着科学技术的快速发展以及国内外环境的变化，高校形象管理的背景发生了较大变化，主要表现在两个方面。

（一）高校形象管理传播环境的变化

进入21世纪以来，以互联网信息技术为代表的新一轮科技和产业革命正呈现出加速趋势，对世界各国的经济、政治、社会、文化等各个领域产生了深刻影响。从传播方式来看，除传统大众传播媒体之外，以互联网信息技术和数字技术为基础的新媒体迅速发展起来，并呈现出新媒体与传统大众传播媒体相融合的趋势。

新媒体传播与传统媒体传播方式相比，具有数字化、交互性、非线性传播、即时性和共享性特点，能够在较短时间内实现海量内容的大范围传播。新媒体时代改变了媒体与公众的关系。新媒体传播朝着大众化和小众化兼顾的方向发展，媒体不再是新媒体时代唯一的信息发布者和传播者，公众也不再是单纯的信息接收者。在新媒体时代，公众除了接收信息之外，还可以进行信息分享，承担起信息传播的角色；公众还可以对信息进行评论，并且可以发布新的信息。

21世纪传播方式的改变使得社会的传播环境发生了较大变化，任何一个角落的风吹草动，均可以借助互联网新媒体迅速传播开来，这使高校形象管理面临着全新的传播环境。

（二）知识经济时代推动高校社会职能的改变

知识经济时代，知识成为重要的战略资源，知识是推动经济发展的核心动力和源泉；科学技术的研究与开发是知识经济发展的基础，劳动素质和技能是知识经济实现的先决条件，而服务业则在知识经济时代扮演着十分重要的角色。

高校作为知识教育行业，属于服务业范畴。知识经济旧时代，各行各业的发展均更加依赖科技、信息与服务。高校在知识经济时代承担着推动生产力发展、培养高素质人才的重要任务。

高校作为知识创新和高层次人才培养中心，不仅面临着与国内高校的合作与竞争，也面临着与国际高校合作与竞争的机遇。由此可见，新时代背景下，我国高校在加强核心竞争力打造的同时，还面临着跨文化发展的新机遇和新挑战。

除以上两个方面之外，进入中国特色社会主义新时代后，中国社会的主要矛盾发生了重大变化，转化为人民日益增长的美好生活需要和不平衡不充分的发展之间的矛盾。我国高校面临着为社会提供更高水平的教学与科研的重任。这些均对高校形象管理提出了新的挑战。

二、新时代高校形象管理的特点

（一）机遇与挑战并存

新时代高校形象管理具有机遇与挑战并存的特点。新时代高校形象管理处于互联网技术和数字技术等科技大发展时期，以互联网技术和数字技术作为依托的网络新媒体发展快速，已成为新时代重要的信息传播渠道。而新媒体传播时代的到来，一方面为高校形象传播带来了极强的便利性，使高校形象在短时间内借助各种方式可以传播至各个人群，从而极大地提升了高校形象的传播效率和传播效果；另一方面，新媒体时代，传播主体多样化，传播门槛消失，信息呈现碎片化，极大地增强了高校形象管理的难度，对高校形象管理中的高校形象维护提出了更大的挑战。由此可见，新时代高校形象管理呈现出机遇与挑战并存的特点。

（二）对媒体的依赖性更强

新时代高校竞争更加激烈，因此对高校形象传播提出了更高要求，要求高校传播范围更加广泛、传播渠道更加多样化之外，还对高校形象传播的质量、对象提出了更高要求。这体现出高校形象管理对媒体的依赖性更强的特点。

新时代，越来越多的高校开始认识到高校形象管理的重要性，开始加强高校形象建设、传播与维护。如果高校在形象建设时不注重特色项目建设，不突出特色项目传播，那么高校很快就湮没于众多同类高校之中。

以地方高校为例。1999 年，随着我国高校扩招，我国地方高校的数量迅猛增加。截至 2021 年 9 月 30 日，全国高等学校共计 3012 所，其中普通高等学校 2756 所（本科 1270 所、专科 1486 所），成人高等学校 256 所。[①] 地方高等院校占比较大。

地方高等院校与 985、211 高校相比，存在专业设置普遍雷同，师资力量普遍较弱，呈现出千校一面的现象。地方高校如果不确立明确的发展方向、建立特色优势专业，树立良好的形象，那么则会处于默默无闻的状态，最终不利于高校的长远发展。

相反，如果地方高校树立了鲜明形象，并且及时利用多样化媒体，面向

① 简讯 [J]. 考试与招生，2021，（第 11 期）：52.

不同社会群体进行重点宣传，那么则有利于吸引高质量人才和生源，进而从同类高校中脱颖而出，赢得更好的发展环境。

（三）对高校成员的素质要求更高

新媒体时代的到来，极大地提升了传播的便捷性，促进了传播媒体的多样化。任何个人或组织只要注册账号就可以使用多种新媒体平台传播信息。这使得高校无时无刻不处于社会公众的监督之下。

此外，新媒体时代的到来打破了传统媒体传播的方式，而赋予传播更强的互动性、多级性特点。在新媒体时代，任何一个小问题均可经过互联网传播形成热点话题，进而影响高校形象。例如，近年来，越来越多的高校被曝光管理不当，从而有损高校形象。其中，包括高校教师言论管理、高校留学生管理、高校后勤管理等。

从高校形象管理的视角来看，高校形象管理的主体包括高校的管理者、工作人员、教师和学生，当任何高校主体出现言论或行为不当时，均会损害高校形象。因此，新媒体时代对高校管理者、工作人员、教师和学生均提出了更高的要求。一方面，要求高校成员提高自我道德素养；另一方面，要求高校管理者和工作人员加强服务意识，提升教育服务素质。

第三节　高校形象管理的功能

高校形象是高校重要的无形资产和核心资源，在推动高校健康、快速发展方面起着极其关键的作用。本节主要对高校形象管理的功能进行阐释。

一、高校形象管理的对外功能

良好的高校形象管理能够为高校创造良好的外部发展环境，具体体现在以下几个方面。

（一）高校形象管理能够使高校更好地适应时代的需要

随着中国特色社会主义新时代的到来，我国高校面临着知识经济时代社会主要矛盾的变化、市场经济的深化发展、高等教育改革等一系列挑战。

在社会主义新时代，我国高校拥有了更加独立的自主权。面对市场经济更加严峻，以及国际人才培养、科技研发等种种挑战，高校必须充分利用自身

的知识中心地位，尽可能招揽大批高素质人才，不断提升教学质量、加强科研投入，推动产学研融合发展以及科研成果转化，才能在新时代的浪潮中立足。

高校形象管理是一项系统工程，涉及高校工作的每一个环节，需要高校管理者、工作人员、全体师生的共同参与。高校形象建设、传播和维护的每一项工作均非一人之力或一个群体可以完成，而是需要高校全体人员的持续不断的努力才能实现。

为了更好地建设、传播和维护高校形象，高校必须不断提高管理者、在校师生、工作人员的素质，提升教学质量，大力发展高校特色项目，从而在竞争激烈的市场环境下生存与发展。从这一视角来看，高校形象管理在客观上提升了高校的竞争力，从而使高校更好地适应时代的需要。

（二）高校形象管理有利于赢得外界资源支持

高校的发展离不开人、财、物等资源的获取和支持。近年来，随着我国高等教育制度改革的深化，各高校的资源竞争越来越激烈。而国家的教育经费和社会资源有限，高校形象管理能够塑造高校的良好形象，展现高校教学成果和光明的发展前景，从而有利于为高校吸引社会各界的关注，为高校争取更多的政策支持和资源支持。

试想，如果一所高校重视形象管理，及时将良好的教学质量，以及高校在科研上取得的成就传播出去，那么必然会吸引高校相关企业的关注，从而有利于推动高校与企业的深度合作，包括校企联合办学、校企科研合作，以及在企业内部建立高校实习基地、推动高校科研成果转化，促进高校产学研一体化，等等。从而在推动当地企业发展的同时，为高校争取良好的发展环境和发展资源。

相反，如果一所高校不重视形象管理，疏于对高校形象进行维护，经常因为不良形象而被媒体报道，被公众议论。那么无论高校原有发展环境多么优越，高校形象也将一落千丈，高校教学管理、教学质量和教学成果将遭受社会各界的严重质疑。长此以往，高校将无法获得必需的发展资源，从而走下坡路。

（三）高校形象管理有利于提升高校竞争力

高校形象管理能够帮助高校建设、传播和维护良好的高校形象；而良好的高校形象不仅有利于赢得外界资源的支持，而且能够全面提升高校在人才和生源方面的吸引力和竞争力。

1. 高校形象管理有利于提升高校的人才吸引力

百年大计，教育为本；教育大计，教师为本。师资队伍建设是一所高校良性发展的关键。原清华大学校长梅贻琦曾明确指出："大学者，非大楼之谓也，乃大师之谓也。"[①]

高校既是知识高地，又是教育服务场所。只有聚集大量高素质人才，建设一支高素质师资队伍和科研队伍，才能不断提升高校教学质量和科研成果，才能推动高校的可持续健康发展。

高校形象管理涉及高校教学环境、学术氛围、科研前景等多个方面的建设。而良好高校形象犹如一块巨大的磁铁，能够吸引高质量人才的加盟，从而使得高校在吸引高质量人才方面脱颖而出。

以清华大学为例。清华大学拥有百余年的历史，百余年来树立了良好的高校形象。近年来，清华大学在良好高校形象的基础上制定了一系列政策，通过多种渠道引进具有国际水平的学者，全面提升高校教师队伍水平，有力地推动清华大学迈入世界一流大学的步伐。

反之，如果一所高校形象不佳，那么即使该高校曾经拥有大量优质人才，这些人才也必然会逐渐流失，从而失去对人才的吸引力。

2. 高校形象管理有利于提升高校的生源竞争力

近年来，我国高校生源竞争越来越激烈，各高校为了吸引生源，纷纷施展各种策略。而良好的高校形象则有利于高校在生源竞争中脱颖而出，吸引大量优质生源。

教学质量是高校的生命线，也是高校形象管理的重要内容。高校在形象管理过程中，必须从各方面着手提升高校教学质量，发展特色项目。因此，当一所高校建立起良好的形象时，该高校的教学质量必然在同类学校中具有出类拔萃的优势，从而吸引大量优秀生源报考该校。

以清华、北大为例，作为我国的两所百年高校，其在发展过程中树立了良好的高校形象，以高质量教学而著称海内外。清华大学和北京大学的学子走出校门，走上工作岗位后，在工作岗位上做出了杰出的成就，获得了工作单位的认可。而每年的招生季，清华大学和北京大学均能够在生源竞争中脱颖而出，吸引全国各地的优秀学生报考，并以进入这两所高校学习为荣。

---

① 史万兵．教育经济与管理研究[M]．沈阳：东北大学出版社，2016：238.

（四）高校形象管理能够提升高校的免疫力

良好的高校形象是高校的无形资产，其不仅能够帮助高校适应时代的变化，使高校获得发展必需的资源，提升高校的竞争力，还能够提升高校的免疫力。

新时代，高校处于新的传播环境之中，以互联网信息技术和数字技术作为支持的网络媒体和新媒体无处不在，对高校的各项工作进行全方位监督。一旦高校工作出现失误，可能会被传播至网络媒体上，并将该失误进行无限放大，从而演化成危机事件。

如果一所高校的形象管理工作较为到位，高校的良好形象深入人心，那么，当高校发生危机事件时，良好的高校形象能够缓冲危机的打击力度，缓和舆论压力。社会公众往往会保持理智，站在高校的立场上重新思考危机事件的可信度，等待高校的回应，从而为高校积极采用有效措施调查事实、处理和安抚危机事件当事人争取时间，以便高校解除危机，走出困境。

二、高校形象管理的对内功能

高校形象管理不仅能够为高校创造良好的外部发展环境，而且能够促进高校的内部管理。具体表现在以下方面。

（一）高校形象管理能够增强高校内部的凝聚力

一所高校的健康发展离不开高校各个成员的努力。有效的高校形象管理能够充分激发高校内部成员的活力，激发高校内部成员的团结性和凝聚力，从而推动高校持续健康发展。

1. 有效的高校形象管理能够明确高校奋斗目标

有效的高校形象管理以树立、传播和维护良好的高校形象作为目标，这一目标需要管理者、工作人员、教师、学生的共同努力。因此，高校形象管理有利于促使高校内部不同人员将个体目标、群体目标与高校形象目标融为一体，从而形成鲜明的目标导向，激励高校内部人员团结一致，共同奋斗。

2. 有效的高校形象管理具有较强行为规范力量

良好的高校形象的建立、传播和维护需要每一位高校成员的共同努力，因此，高校形象管理以隐形的方式对高校成员提出了要求，使得高校成员为了维护高校形象，必须严格遵守高校的各项规章制度，不断提升个人的修养，从而在无形中提升高校管理质量，推动高校的可持续发展。

3. 有效的高校形象管理能够增强高校的团队凝聚力

高校形象是高校的无形资产和软实力，能够将高校成员与高校的荣誉感紧紧联系在一起。高校形象与高校成员之间存在“一荣俱荣，一损俱损”的紧密关系。

如果一所高校拥有良好的社会形象，那么，该高校走出的学子均会得到社会公众的尊重，从而有利于高校学子未来的发展。相反，如果一所高校的社会形象较差，社会公众对该校的教学质量存疑。那么，该高校的学子毕业后将面临就业难或就业差的境况，不利于学子未来的发展。同样，如果高校学子走上工作岗位后，能够迅速承担岗位责任，并且具有较强的综合能力，那么，该校的形象和声誉必然鹊起。

有效的高校形象管理能够增强高校成员的主人翁意识，帮助高校成员树立强烈的责任感和使命感，引导高校成员自觉树立起共同的价值取向和信念，建立起和谐、理解、信任、互助的关系，增强高校的团队凝聚力，从而产生巨大的合力，推动高校的健康发展。

（二）高校形象管理能够创造良好的校园文化

高校校园文化是高校在长期发展中创造的物质财富和精神财富的总和。高校形象与校园文化之间存在十分密切的联系，一方面，高校校园文化是高校形象建设的重要构成要素，是高校形象的灵魂所在；另一方面，高校形象是高校校园文化的外在表现。

高校形象管理必然会加强高校文化建设，通过借助高校形象识别系统，在高校校园内部建立起具有特色的校园景观文化，从而推动校园文化建设。除此之外，良好的高校形象具有强大的精神感染力，使得长期沐浴高校形象的师生在潜移默化中规范自我的言行，陶冶情操，不断提升个体素质的发展，从而创造和推动校园文化的发展。

综上所述，高校形象管理在打造高校内外部发展环境方面具有十分重要的功能。有效的高校形象管理不仅能够帮助高校获得生存和发展所必需的社会资源，提升高校的综合竞争力和免疫能力，还能够有效地团结高校内部成员，提升高校成员的责任感、荣誉感，不断完善和优化高校内部文化建设，从而推动高校健康、有序地发展。

第二章　新时代高校形象管理的理论基础

第一节　CIS 理论

CIS 理论起源于 20 世纪初期，是一种先进的管理思想和综合的企业策划方法。CIS 全称为 Corporate Identity System，意为企业识别系统。本节主要对 CIS 理论的起源与发展、内涵与特征、策划原则与导入程序、价值与作用进行详细分析。

一、CIS 理论的起源与发展

CIS 理论最早起源于第一次世界大战之前的德国 AEG 电器公司。1907 年，德国著名建筑学家彼得·贝汉斯（Peter Berhens）受聘于德国 AEG 电器公司的设计顾问。彼得·贝汉斯将 AEG 电器公司的 AEG 三个字母设计成为标志（见图 2-1），在该公司所生产的系列电器产品上统一使用该标志，并且将其推广到该公司的便笺纸和信封上，初步形成了产品系列化和外形识别标准化。这一事件普遍被认为是 CIS 理论的开端。德国 AEG 电器公司的商标成为该企业统一视觉形象的 CI 雏形。

图 2-1　德国 AEG 电器公司的标志

CIS 理论的发展经历了多个阶段，如下所述。

第一个阶段：20 世纪 30—50 年代，CI 理论在欧美地区获得快速发展

1933 年，英国工业协会会长弗兰克·毕克（Frank Pick）在负责规划的伦敦地铁上使用了统一的标志，成为 CIS 理论发展的标志性事件。后来，尽管伦敦地铁的标志经历了多次更新和改革，却仍然保留了最初设计时的一些元素（见图 2-2）。

图 2-2　伦敦地铁标志识别

第二次世界大战后，欧美各大企业纷纷导入 CI，推动了 CIS 理论在欧美地区快速发展。

1947 年，意大利事务器械所的奥力维提（Adriano Olivetti）开始聘请专家设计标准字，为其所带领的位于意大利北部小城伊维里亚的一家小型家族企业设计出独具特色的企业标志。这一决定使得意大利事务器械所逐渐发展为世界上领先的办公设备制造公司。

20 世纪 50 年代，许多欧美知名企业开始导入 CIS。例如，成立于 1926 年的美国广播公司 NBC（The National Broadcasting Company）。

1955 年，IBM 公司正式导入 CIS，聘请世界著名设计师保罗·兰德（Paul Rand）为其设计出一套完整的企业识别系统，以传达统一的 IBM 形象。保罗·兰德为 IBM 公司设计了几何形的 IBM 三个大写字母的造型，反映了该公司的品质感和时代感。

20 世纪 70 年代，为了适应 IBM 公司的发展战略，保罗·兰德又为 IBM 设计了 8 条和 13 条两种蓝色变体条纹标志，成功地树立了 IBM 公司的高科技蓝色巨人形象（见图 2-3）。

图 2-3　IBM 公司蓝色 8 条纹标志

此外,20 世纪 50 年代，美孚石油公司（Mobil）、远东航行公司（Eastern）、西屋电气公司（Westinghouse Electric Corporation）、埃克森公司（Exxon Corporation）等，均导入了 CIS。

第二个阶段：20 世纪 60—70 年代，CIS 热潮掀起

20 世纪六七十年代，西方各国逐渐掀起了 CIS 热潮。其中，可口可乐公司于 1970 年在美国 CIS 专业公司 L&M 公司（Lippincott & Margnlies）的参与和设计下，对其传统标志进行了革新。革新后的可口可乐标志采用了红底飘带设计，该标志被应用于可口可乐公司所生产的所有产品上，推动了可口可乐公司的迅速发展（见图 2-4）。

图 2-4 可口可乐的标志

20 世纪六七十年代，CIS 理论从西方欧美等国传播至西方其他国家，如日本。日本的银座松屋（Matsuya Ginza）、小岩井乳业公司等均依靠引进 CIS 理论促使企业获得了新生。

第三个阶段：20 世纪 80—90 年代，CIS 理论在中国获得快速传播与发展

20 世纪 80 年代，CIS 理论传播至中国，中国南方的一些企业开始尝试导入 CIS，如广东太阳神集团（见图 2-5）。20 世纪 90 年代，CIS 理论在中国获得迅速传播，被诸多中国企业所接受，并成为许多企业的制胜法宝。

图 2-5 广东太阳神集团标志

第四个阶段：21 世纪以来

进入 21 世纪以来，随着 CIS 理论的成熟与普及，CIS 理论受到社会经济发展和社会价值观的影响，出现了新发展。

近年来，随着科技的快速发展，以及社会经济全球化的发展，世界市场正进入成熟期。从消费者的消费行为来看，传统广告对消费者消费行为的影响呈逐渐降低趋势。消费者普遍追求美的事物，消费者的消费行为正趋于理性。单纯依靠商品宣传而促进消费的行为，正在失去其传统魅力。

由于社会经济的发展，市场商品极其丰富，消费者的消费依据和消费标准正在发生变化，逐渐从“物”的消费向“感受”的消费转变。对此，CIS 理论在应用时，应根据现阶段社会消费特点进行价值导向调整，以适应社会商品价值判断的新标准。

二、CIS 的内涵与特征

（一）CIS 的内涵

CIS 是 Corporate Identity System 的英文缩写，翻译成中文为“企业形象识别系统”“企业形象战略”。CIS 理论由理念识别（Mind Identity，简称 MI）、行为识别（Behavior Identity，简称 BI）、视觉识别（Visual Identity，简称 VI）三个子系统构成。其中，理念识别即 MI 是整个 CIS 理论的核心部分，对行为识别 BI 和视觉识别 VI 起着决定性的影响作用（见图 2-6）。

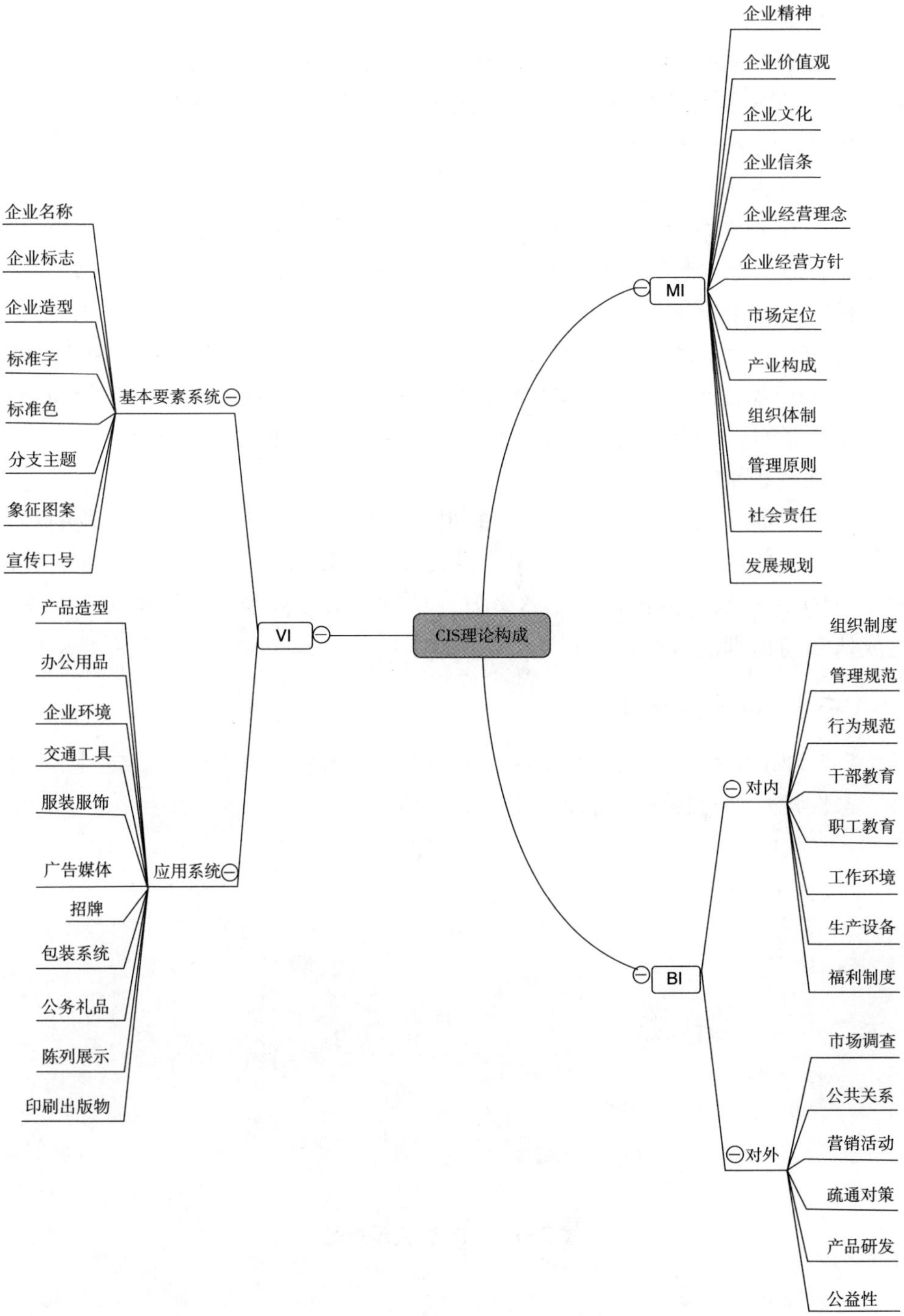

- CIS理论构成
  - MI
    - 企业精神
    - 企业价值观
    - 企业文化
    - 企业信条
    - 企业经营理念
    - 企业经营方针
    - 市场定位
    - 产业构成
    - 组织体制
    - 管理原则
    - 社会责任
    - 发展规划
  - VI
    - 基本要素系统
      - 企业名称
      - 企业标志
      - 企业造型
      - 标准字
      - 标准色
      - 分支主题
      - 象征图案
      - 宣传口号
    - 应用系统
      - 产品造型
      - 办公用品
      - 企业环境
      - 交通工具
      - 服装服饰
      - 广告媒体
      - 招牌
      - 包装系统
      - 公务礼品
      - 陈列展示
      - 印刷出版物
  - BI
    - 对内
      - 组织制度
      - 管理规范
      - 行为规范
      - 干部教育
      - 职工教育
      - 工作环境
      - 生产设备
      - 福利制度
    - 对外
      - 市场调查
      - 公共关系
      - 营销活动
      - 疏通对策
      - 产品研发
      - 公益性

图 2-6　CIS 理论构成示意图

1. 理念识别

理念识别系统 MIS 是企业识别系统的核心及原动力，属于思想文化的意识层面。MIS 是企业经营战略、企业生产、市场等环节的总原则、方针、制度、规划、法规的统一规范。

2. 行为识别

行为识别系统 BIS 是以明确而完善的经营理念作为核心，对企业内部的制度、管理、教育等行为进行彰显，并且对回馈社会的公益活动、公共关系等进行扩散的动态识别形式。

与 MI 相比,BI 位于 CIS 理念的中间层，反映了企业理念的个性和特殊性，是企业实践经营理念与企业文化创造的准则。BI 既包括对内的组织管理与教育，也包括对外的公共关系、促销活动、资助社会性的文化活动等。

3. 视觉识别

视觉识别系统 VIS 是运用统一的视觉符号系统，其对外传达企业的经营理念与情报信息，是企业识别系统中最具传播力和感染力的要素。与 MI 和 BI 相比，VI 具有较强的传播力、感染力，易被公众所接受，能够快速而明确地达成认知与识别的目的。

（二）CIS 理论的特征

CIS 理论的特征体现在系统性、统一性、差异性、传播性、稳定性、长期性、操作性、动态性 8 个方面（见图 2–7）。

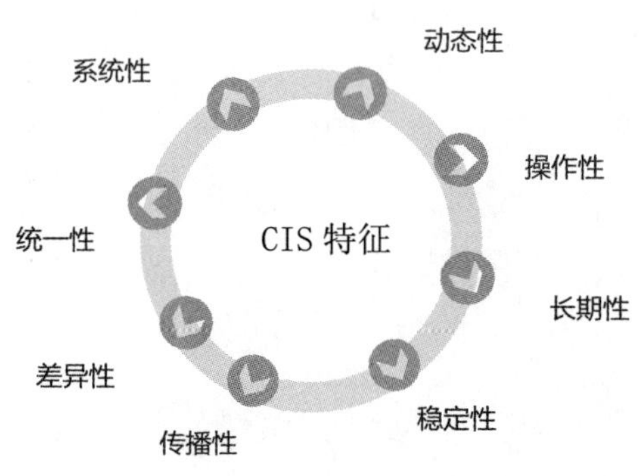

图 2–7　CIS 特征示意图

1. 系统性

企业识别系统 CIS 是企业形象整体性、综合性和系统性的定位，涵盖了

企业各个方面的要素。其中包括企业的内外部形象系列、深浅层形象系统、虚实值形象系统等多个层面，呈现出较强的系统性特点。

2. 统一性

企业形象是由企业各个方面的诸多因素构成的统一体，是一个完整的有机整体。企业形象中的各个要素之间存在紧密的、必然的内在联系。因此，在企业形象策划过程中，应积极调动企业内外部的各种要素，从而使企业形象识别系统呈现出和谐、一致的特点。

3. 差异性

不同企业形象识别系统的差异性不仅表现在企业的视觉标识方面，还表现在企业的产品、经营目标、企业文化和发展战略方面。企业形象识别系统的差异性特征是决定企业在激烈的市场竞争中能够立足和发展的重要因素之一。

4. 传播性

企业形象能够通过各种传播渠道被传播，这一特点在企业形象识别系统中体现得十分鲜明。CIS 中存在一套强有力的识别系统，这一系统具有整体性和系统性的特点，能够明确地传播企业的诉求信息。而企业信息传播的正确性和有效性是企业形象设计的关键所在。从这一视角来看，CIS 具有强烈的传播性特点。

5. 稳定性

当企业形象识别系统形成之后，该系统便具有较强的稳定性。一般只有企业的信息发生变化时，企业方才对 CIS 进行调整和改革。

6. 长期性

CIS 在策划过程中，应借助各种传播渠道，将企业形象从这一类公众群体传播至另一类公众群体。CIS 的这一特点，使得许多企业通过引进 CIS 对企业进行整体规划，通过强有力的识别系统，向公众传递有效的、高品质的企业信息，从而使公众了解到企业的独特价值。

7. 操作性

CIS 系统在企业内外部的贯彻与落实，需要企业实行标准化管理，强调 CIS 操作的科学性和规范性。例如，企业标准字体和标准色彩的使用规范，能够充分保障企业的系统形象的统一性和整体性在何时何地均不会遭到破坏。

8. 动态性

CIS 系统具有较强的稳定性，然而并非一成不变。当企业内部因素和外部环境发生改变时，企业形象也会发生相应的变化。而当企业 CIS 发生变化时，往往会引发公众的关注，影响公众对企业的态度。

例如，当世界知名企业的商标发生变化时，往往会引发国内外媒体的报道，世界各地的人们则会通过各种方式表达对该企业商标变化的态度，从而影响公众对企业的态度。

三、CIS 策划原则与导入程序

（一）CIS 策划的基本原则

CIS 在策划和设计时应当坚持受众导向原则、差异化原则以及整体性原则。

1. 受众导向原则

CIS 在策划和设计过程中应当从受众的角度出发，充分了解受众对企业的识别特点。具体来说，企业 CIS 的策划和设计应从企业内部和外部两个方面着手。通过对企业内部总体形象和具体形象以及企业外部形象的整体认知对企业形象进行受众调研，将受众识别与企业自身定位相比对，找到问题以及改进的方式，从而对企业 CIS 进行策划和设计。

2. 差异化原则

同一行业的企业之间既存在一定的共性，也存在一定的差异性。在企业 CIS 策划和设计中，应当将企业与同行企业、主要竞争对手进行对比，从中找出企业的差异性，从而进行差异性的形象识别设计。

在企业 CIS 策划和设计过程中坚持差异化原则，不仅有利于公众识别该企业，而且有利于对外表现企业产品或服务的独到之处，体现企业的个性，从而赢得公众的记忆和青睐。

3. 整体性原则

企业 CIS 是一个有机联系的整体，是一种由企业内部各要素有机构成，并且通过传媒与社会公众沟通的复合物。企业 CIS 是一种反映与被反映，感知与被感知的客观存在。企业 CIS 的这一特点决定了在企业 CIS 策划和设计过程中应当坚持整体性原则。

（二）CIS 的导入时间与程序

1.CIS 的导入时间

企业 CIS 策划和设计完成后，随时均可导入。从这一视角来看，企业 CIS 的导入时间具有较强的随意性。然而，由于企业 CIS 的导入过程是一项庞大而复杂的系统工程，许多企业将 CIS 的导入作为一次公关活动，以振兴企业的新发展。从这一视角来看，企业 CIS 的导入时间又具有较强的慎重性特点。

一般而言，企业往往会选择在有利时期导入 CIS（见表 2-1 企业 CIS 导入时间一览表）。

表2-1　企业CIS导入时间一览表

序号	企业 CIS 导入时间	影响
1	新公司成立 / 公司合并之际	有利于树立公众对企业的识别，达到先声夺人的目的
2	企业扩大生产经营范围之际	有利于改变公众对企业原有形象的认识，建立符合企业实际与未来预期的形象识别系统
3	创业周年纪念之际	有利于引发媒体和公众的关注，扩大企业的社会影响力和知名度
4	新产品开发与上市之际	有利于塑造企业形象，扩大新产品的社会知名度
5	进军新市场之际	有利于企业产品进入新市场，以及企业形象在新市场的传播
6	企业经营出现危机之际	有利于提高企业的活力与竞争力
7	企业改组经营或经营管理高层领导更换之际	有利于展现企业的新风貌和新个性

除了以上几种 CIS 导入时间之外，当企业产品缺乏鲜明的竞争个性、消除负面影响时，也可以通过导入新的 CIS 激发企业的活力，使企业获得新的发展。

2.CIS 的导入程序

CIS 导入企业的程序，一般可细分为五个步骤。

步骤一，提出导入计划。

以书面形式对 CIS 导入的目的、背景、导入计划的实施细则、预算和组织实施进行详细分析与论证。

步骤二，调查分析。

CIS 前期调研是实施 CIS 的保障，可以了解和把握企业内部现状、外界认知状况和设计现状，从中发现并找出问题，从而有针对性地采取措施。

步骤三，CIS 策划与设计。

根据调查结果，按照一定的原则进行 CIS 策划与设计。

步骤四，导入 CIS。

成立专门的 CIS 执行小组和管理系统，根据事先选定的 CIS 导入时间，将 CIS 识别系统方案向企业内部员工、社会公众和媒介单位发布，以争取获得企业内外部的认同与支持。

步骤五，实施管理与评估。

导入 CIS 后，企业内部应当面向员工以及重点部门发放资料，进行 CIS 执行训练，并且对 CIS 的执行情况进行严格的监督与评估，确保 CIS 执行过程中符合原定的企业形象，及时发现 CIS 的问题并分析原因，为下一步的改进创造条件。

四、CIS 的价值与功能

CIS 是企业将经营理念、经营行为、视觉形象、听觉形象，以及一切可以感知的形象实行统一化、标准化、规范化的科学管理体系。此外，CIS 还是公众识别企业形象的基础，是企业赢得公众认同的有效手段。

（一）CIS 的价值

CIS 的价值主要表现在形象力价值、经济价值和文化价值三个方面。

1.CIS 的形象力价值

CIS 的形象力价值是 CIS 的价值核心所在，这是由 CIS 的本质所决定的。形象力价值中包含了品牌形象、产品形象、服务形象、人员形象、经营管理形象、公共关系形象、环境形象等多方面的价值体现。从 CIS 形象力价值的内容来看，CIS 的形象力价值在企业发展中起着极其重要的作用。

2.CIS 的经济价值

CIS 的经济价值是建立在 CIS 的形象力价值之上的，导入 CIS 的终极目的是帮助企业创造更大的经济价值。

例如，可口可乐公司在 20 世纪 70 年代导入新的 CIS 之前，其产品在行业中并不十分突出。而在导入 CIS 后，由于确立了鲜明的新形象，企业产品的销售额实现了突破式的增长，这体现了 CIS 具有较强的经济价值。

3.CIS 的文化价值

CIS 的文化价值与经济价值一样，都是建立在 CIS 的形象力价值之上。CIS 的文化价值是基于实现经济利益之上的企业或品牌长远发展的重要武器。

例如，西方国家长达数百年的企业或品牌无一不是创造了独一无二的企业文化或品牌文化，在潜移默化中培养了消费者的品牌归属，进而形成了该企业或品牌信仰。

综上所述，成功的 CIS 能够为企业或组织团体创造良好的形象力价值、经济价值和文化价值，从而为企业的长期、稳定发展奠定良好的基础。

（二）CIS 的功能

CIS 的功能大体可以划分为对内功能和对外功能两种类型。

1.CIS 的对内功能

CIS 的对内功能主要体现在管理和教化方面。

其一，CIS 的管理功能。CIS 的管理功能体现在对企业内部人员的行为与活动进行约束、限制与协调。此外，良好的企业形象能够起到对企业行为的约束作用，从而间接实现企业管理的功能。

其二，CIS 的教化功能。CIS 的设计与实施过程中能够对企业内部成员形成教育、激励和凝聚的作用。进行 CIS 内部培训能够提高企业内部员工的思想素质、文化层次，培养和提升企业员工对企业文化的认同感和忠诚度，有利于企业内部的团结，从而为企业的长远发展积聚力量。

2.CIS 的对外功能

CIS 的对外功能主要体现在两个方面。

其一，CIS 能够建立受众对服务对象的认知性识别。CIS 在策划和设计之前往往会进行受众调查，对受众的喜好进行详细了解，从而体现在企业 CIS 设计中。因此，CIS 中蕴含着鲜明的企业产品受众特征。受众可以通过识别该企业服务对象的基本属性而逐渐形成对该企业服务对象的接受性识别，进而提高受众对该企业品牌的认可度和接受度。

其二，CIS 的传播功能具有整合性特点。CIS 在传播过程中将企业形象、企业人员服务行为、企业的营销活动、企业的公共关系等进行融合，从而使得企业的形象和信息传播更加广泛和深入，更有利于激发受众对企业或品牌的接受和认同，提升企业或品牌的形象力价值。

第二节　公共关系理论

公共关系是一种思想观念和社会精神文化，最早起源于美国。经过百余年的发展，已经成为一门重要的应用学科。本节主要从公共关系的定义与构成要素、起源与发展、功能等方面对公共关系理论进行详细阐释。

一、公共关系的定义与构成要素

（一）公共关系的定义

公共关系一词源于英文的 public relations，英文字母缩写为“PR”。公共关系诞生百余年来，中西方学者从不同视角对其定义进行了详细阐释（见表 2-2）。

表2-2　公共关系代表性定义一览表

序号	提出人	视角	定义
1	公共关系专家雷克斯·哈罗（R. Harlow）	管理学角度	公共关系是一种独特的管理活动。它帮助一个组织建立并维持与公众之间的沟通、理解、认可和合作[①]
2	英国学者弗兰克·杰夫金斯（Frank Jefkins）	传播说角度	公共关系是一个组织与公众之间，为获得并保持相互之间的了解与沟通而进行的经审慎研究的、有计划的持续努力[②]
3	美国公共关系专家詹姆斯·格鲁尼格（James E. Grunig）	传播管理学角度	公共关系是一个组织与其相关公众之间的传播管理[③]
4	《墨西哥宣言》	咨询学角度	公共关系是一门艺术和管理科学，它分析趋势，预测后果，向组织领导人提供意见，履行一系列有计划的行动，以服务于本组织和公众的共同利益[④]

除了以上四种类型的公共关系定义之外，其他学者还从协调学、沟通学、形象学、关系学等方面对公共关系的定义进行了详细分析。

本书认为，公共关系是社会组织在运行过程中，为促进公众与自身的相互了解、合作而进行的有计划的传播、沟通活动，有利于组织树立良好的对外形象，化解危机，获得公众认同与支持的科学与艺术。

① 袁学敏，袁继敏．公共关系理论与应用 [M]. 北京：北京理工大学出版社，2018：4.

② 杨华玲，潘丽君，高英．公共关系学：第 2 版 [M]. 北京：北京理工大学出版社，2019：3.

③ 张勋宗．公共关系理论与实务 [M]. 成都：电子科技大学出版社，2006：42.

④ 王虹，严光菊．医院公共关系学 [M]. 成都：西南交通大学出版社，2012：3.

（二）公共关系的本质及构成要素

从以上公共关系的定义可以看出，公共关系是一个总体性概念，其内涵较为丰富，是公共关系活动、公共关系工作、公共关系职业以及公共关系学的统称。

公共关系的构成要素主要包括组织、公众和传播（见图 2-8）。

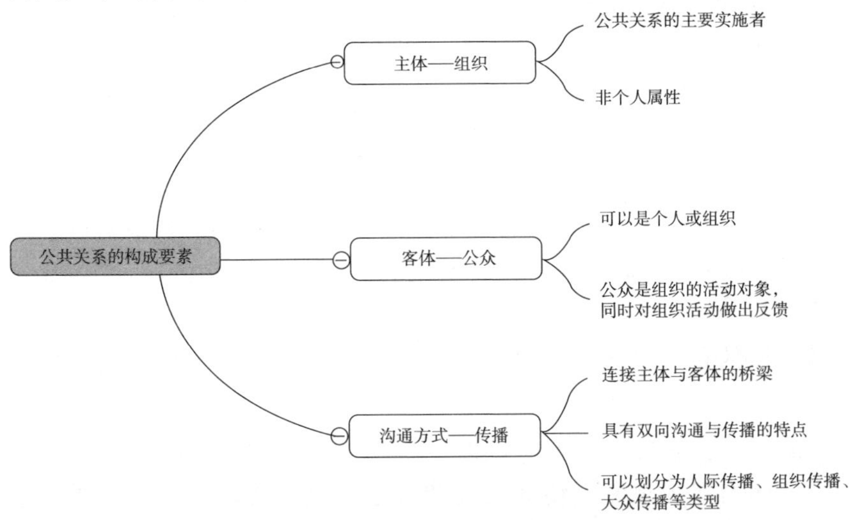

图 2-8　公共关系的构成要素示意图

1. 组织——公共关系的主体

组织是公共关系的主体，其既是公共关系的发起者又是承担者；既是公共关系的行为主体，又是公共关系的主要实施者。

值得注意的是，在理解公共关系时应从组织与管理的层面出发，将公共关系与人际关系区别开来（见表 2-3）。

表2-3　公共关系和人际关系的区别一览表

类别	公共关系	人际关系
目的	实现组织发展目标	实现个人交往目标
内容	处理组织关系与舆论	处理个人关系及事务
功能	提升组织的社会形象和整体效应	维护个人印象、情感和利益

2. 公众——公共关系的客体对象

公众是公共关系的客体对象，也是公共关系传播与沟通的对象。公共关系在运行过程中涉及个人关系、群体关系、组织关系，因此，公共关系是公众的关系。

任何组织的客体对象均有着特定的公众，公共关系是组织主动与公众建立和维护关系的过程。组织与公众之间的关系并非是单向性的，而是具有双向性的特点。公众作为公共关系中的客体对象并非是完全被动、任由组织摆布的，而是可以随时表达公众自身的意志与要求的。

公众可以根据组织提供的服务自行选择同类产品，或不再购买某组织的产品或服务。而组织在生存和发展中，必须明确目标公众，并对目标公众进行分析，根据目标公众的特点和变化趋势来制定或调整组织相关的公关政策与公关活动。

值得注意的是，在理解公共关系的客体对象时，应将公共关系与广告区别开来。

3. 传播——公共关系的基本手段

除了主体与客体之外，传播是公共关系的重要要素，也是公共关系的基本手段。传播是公共关系中联结主体和客体的重要途径。公共关系中的传播是一个知识、观念和信息共享的过程。传播的目的是通过双向沟通与传播，促进公众和组织之间相互了解和认识。公共关系中的传播根据传播方式和受众可以划分为人际传播、组织传播、大众传播等类型。

（三）公共关系的特征

公共关系具有以下六种特征（见图 2-9）。

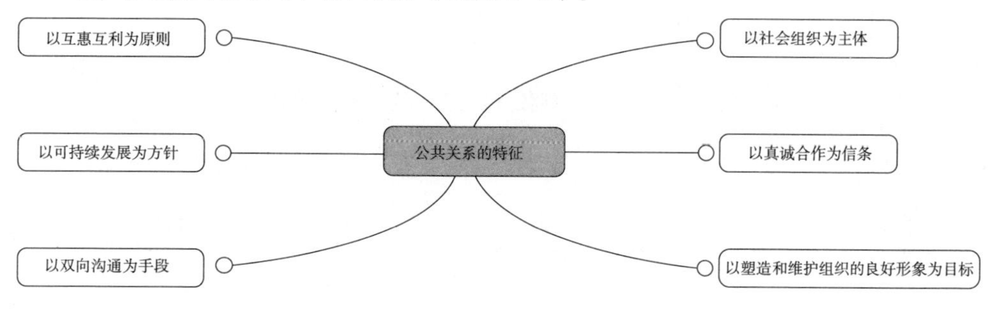

图 2-9　公共关系的特征示意图

1. 以社会组织为主体

公共关系的主体是社会组织，其对象——公众则为客体。在公共关系中，

社会组织处于绝对主导地位，社会组织与公众之间的关系是否和谐、良好，完全取决于社会组织。而公众在公共关系中则处于被动地位。

从公共关系的行为属性来看，公共关系是社会组织发起的行动，个人或公众不能成为公共关系的主体，只有社会组织才是公共关系的主体。

2. 以真诚合作为信条

社会组织在维护与公众关系的过程中应坚持真诚合作的信条。真诚是现代公共关系的基本原则。社会人际交往中，双方只有真诚地进行交往，才能获得对方的信任。

现代社会中，随着科学技术的快速发展，公众获得信息的途径越来越多，获得信息的方式越来越便捷。在公共关系中，公共关系的主体——社会组织要想获得公众的信任和支持，必须真诚地对待公众，将社会组织的真实状态公之于世，将与公众利益相关的信息如实告知公众，只有这样才能获得公众对组织的信任。

总而言之，真诚是公共关系的生命，也是组织、建立、维护与公众之间的良好、和谐关系的保证。任何社会组织在公共关系中只有坚持真诚，才能与公众之间建立长久的信任，才能消除公众对组织的误解；相反，如果社会组织一味对公众弄虚作假，哄骗公众，则公众迟早会看清社会组织的真面目。

3. 以塑造和维护组织的良好形象为目标

社会组织举行公共关系活动的根本目的是在公众中塑造和维护组织的良好形象。公众对社会组织的印象如何，取决于两个方面：一方面是社会组织自身的状态。社会组织自身的状态与社会组织的产品或服务质量、经营决策机制、经营理念、创新精神等有着直接的关系。另一方面是公众的状态与变化趋势。社会公众状态与变化趋势则是指社会公众的消费理念、消费需求、消费心理等。

当社会公众的需求与状态发生变化时，社会组织应根据社会公众的需求进行改变，及时调整和修正自身的行为，不断改进产品和服务，从而在公众面前树立组织的良好形象。

良好形象是社会组织与公众之间建立和谐关系的基础，是社会组织最重要的财富，也是社会组织生存和发展的出发点和归宿。社会组织的一切行为均为满足公众需要而展开，如果社会组织无法在公众中建立起良好形象，那么终将失去公众的支持和理解，从而严重威胁组织的生存与发展。

从社会发展的角度来看，社会组织通过公共关系塑造和维护自身的良好形象，与社会公众之间建立和谐友好的关系，有利于社会安定与团结，也有利于净化社会风气，推动社会主义物质文明和精神文明建设。

4. 以互惠互利为原则

现代社会中，随着社会生产力的不断发展，社会分工越来越细。无论个人还是社会团体，在现代社会中生存和发展，必须与其他个体或团体之间建立和维持某种关系。在公共关系中，社会组织作为主体与公众之间建立的良好关系应当以互惠互利为原则。唯其如此，才能实现社会组织和公众的利益最大化。

5. 以可持续发展为方针

公共关系以可持续发展作为方针包含三重意义。

其一，公共关系是一种长期的行为。公共关系以塑造和维护社会组织的良好形象作为目标，该目标的实现并非一朝一夕之功，而是一项长期的工作。从这一视角来看，公共关系是一种长期的行为。

其二，公共关系是一项系统工程。公共关系中，社会组织在建立和维护自身的良好形象、赢得公众信任的过程中，应当充分利用、创造各种机会，将社会组织的各个侧面展现给公众，引导公众全面地感受社会组织的产品与服务、经营理念，让公众感知社会组织的真诚。从这一视角来看，公共关系是一项系统工程。

其三，公共关系的结果存在滞后性。公共关系是以真诚为信条，以互惠互利为原则的一项建立和维护社会组织良好形象的活动。公共关系的“投入”和“产出”之间存在不同步的特点。公共关系不同于商业广告，其对公众的影响属于一种温和的、潜移默化的影响，其结果通常需要在一段时间之后才会反映出来。从这一视角来看，公共关系应当着眼于可持续发展，以实现社会组织的长远目标作为方针。

6. 以双向沟通为手段

社会组织与公众之间建立和谐关系，需要通过双向交流和信息互动来实现。社会组织与公众之间的双向沟通与交流具有平等自愿的特点，没有任何强制力量。

二、公共关系的起源与发展

公共关系作为一种全新的思想和一种科学而系列的理论，起源于 19 世纪末 20 世纪初期的美国。

1882 年，美国律师多尔曼・伊顿（D. Eaton）在耶鲁大学法学院所作的演讲《公共关系与法律职业的责任》中首次使用了“公共关系”一词。多尔曼·伊顿提及“公共关系”意为“大众利益”，与现代意义上的公共关系的内涵存在较大差异。

1897 年，美国铁路协会在《铁路文献年鉴》中首次使用了“公共关系学”这一概述。1903 年，艾维·李（Ivy Lee）首次将公共关系作为一种职业，在纽约创办了第一家公共关系咨询事务所。1906 年，艾维·李发表了著名的《原则宣言》，该《原则宣言》成为现代公共关系的“里程碑”。艾维·李为现代公共关系的发展作出了重大贡献，因此被誉为“现代公关之父”。

继艾维·李之后，越来越多的西方学者开始关注和研究公共关系。1923 年，爱德华·伯尼斯（Edward L. Bernays）完成了《公众舆论之凝结》（*Crystallizing Public Opinion*）一书，该书籍被公认为世界上第一部公共关系专著。此后，爱德华·伯尼斯又相继出版了《公共关系》等 14 部著作，为推动现代公共关系的理论化作出了巨大贡献。

除了著作之外，爱德华·伯尼斯在纽约大学开设了公共关系课程，推动公共关系逐渐发展成为独立的新学科。鉴于爱德华·伯尼斯在推动现代公共关系中作出的贡献，其被公共关系学界尊为“现代公关泰斗”。

自 19 世纪末 20 世纪初，现代公共关系诞生以来，至今已走出了百余年的发展史。本书站在公共关系在世界范围内的发展角度，将现代公共关系的发展过程划分为三个阶段（见图 2–10）。

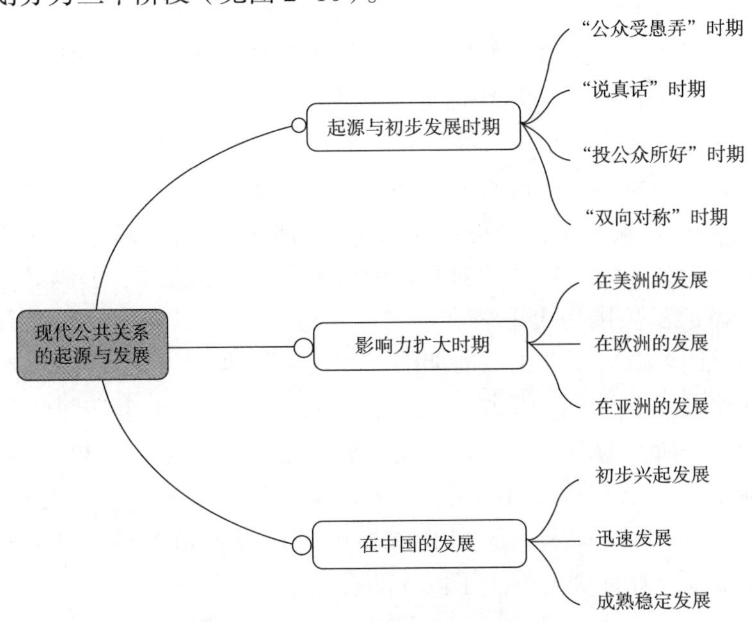

图 2–10　现代公共关系的起源与发展示意图

（一）公共关系起源与初步发展阶段

现代公共关系萌芽并起源于19世纪末20世纪初的美国，本书将现代公共关系在美国的起源与发展划分为四个阶段。

1. 第一阶段（19世纪30年代至19世纪末）：孕育时期

19世纪二三十年代，美国大众传播事业获得了较快发展。19世纪30年代，以美国《纽约太阳报》为主的报纸发起了“便士报”运动。在“便士报”运动之前，美国的报纸价格昂贵，只有贵族阶层才能买得起，而占社会大多数的普通劳动者则将报纸视为奢侈品。《纽约太阳报》等报纸提出一便士购买一份报纸的运动，极大地降低了报纸的价格，推动报纸走向大众。

“便士报”运动提升了报纸的发行量，增加了广告费用。一些社会组织为了节省广告费用，雇佣专门的“报刊宣传员”，通过炮制假新闻的方式吸引公众眼球。其中最具代表性的报刊宣传员名为巴纳姆（Barnum）。巴纳姆是美国一个马戏团老板，为了增加收入，他成功地制造了各种舆论宣传，利用大众报纸产生了良好的传播效果，并以此闻名于世。

“便士报”运动为现代公共关系和大众传播奠定了基础，属于现代公共关系的孕育时期。由于巴纳姆大肆制造虚假新闻，罔顾事实，不负责任，无视社会道德，因此，这一时期又被称为巴纳姆时期或“公众受愚弄”时期。

2. 第二阶段（19世纪末20世纪初期）：萌芽时期

19世纪末20世纪初期，美国进入垄断资本主义时期，全国大部分财富集中于少数商业寡头的手中。这些商业寡头不仅垄断社会资源，而且控制政府、采用欺骗等不良手段大肆搜刮民脂民膏。商业寡头的这一行为引发了社会民众的强烈不满，其中包括一些富有正义感的新闻工作者。

这些正义的新闻工作者撰写了大量揭露商业寡头真实面目的新闻，他们利用全国发行量最大的一批报刊和其他传播手段，通过文章、漫画等形式揭露社会黑暗，掀起了美国历史上著名的“扒粪运动”。“扒粪运动”强调以真实作为报道的原则，取代了巴纳姆时期的报刊宣传活动。

艾维·李是“扒粪运动”的佼佼者。1903年，艾维·李在纽约创办了公共关系咨询事务所，为需要办理新闻代理事务的人提供服务，这标志着现代公共关系的诞生。艾维·李发布的《原则宣言》中强调“讲真话”“公众必须被告知”。艾维·李在遵循这一原则的基础上，在20世纪初期组织了多场成功的公共关系活动，在社会上产生了巨大的影响。

这一时期，社会上虽然出现了以艾维·李为代表的现代公共关系从业者，但系统的公共关系理论尚未形成。因此，这一时期被称为现代公共关系的萌芽时期，又称为“说真话”时期。

3. 第三阶段（20 世纪上半叶）：生长时期

继艾维·李之后，爱德华·伯尼斯出版了一系列公共关系理论著作，将公共关系理论进行了系统化整理，并开设了世界上第一个公共关系课程；还编撰了《公共关系学》教科书，从理论上对 20 世纪美国公共关系实践进行概括和总结。他将公共关系从新闻出版界中分离出来，使之成为一门独立而系统的学科，为公共关系的职业化、学科化发展作出了突出贡献。

爱德华·伯尼斯公共关系的核心思想为“投公众所好”，主张社会组织应了解其服务对象，并从服务对象的需求和期望出发进行公共关系活动。爱德华·伯尼斯的这一思想改变了艾维·李时代，组织单向为公众提供信息的工作方式，将公共关系发展为社会组织与公众之间的双向信息沟通。因此，这一时期被称为现代公共关系的生长时期，又称为“投公众所好”时期。

4. 第四阶段（20 世纪 50 年代）：繁荣时期

20 世纪 50 年代，现代公共关系获得了突飞猛进的发展，涌现出了一大批具有代表性的公共关系专家。其中最具代表性的人物为斯科特·卡特李普（Scott Cutlip）和艾伦·森特（Allen Center)）、格伦·M. 布鲁姆（Glen M. Broom）、萨姆·布莱克（Sam Black）等。

其中斯科特·卡特李普、艾伦·森特在《有效公共关系》中提出：公共关系是一个开放模型，应当以社会组织和公众的利益双向均等、信息双向沟通的“双向对称”理论模式去规划公共关系。根据这一理论构建的模式被称为开放系统的“双向对称”模型。

“双向对称”模式纠正了偏差和倾斜，揭示了公共关系的本质规律，推动了公共关系向前发展。这一时期，众多公共关系专家出版了大量公共关系理论的书籍，有力地推动了现代公共关系理论的发展。因此，这一时期被称为现代公共关系的繁荣时期，又被称为“双向对称”时期。

（二）公共关系影响力扩大阶段

公共关系自诞生之后，由于其具有较强的实践性和应用性，迅速受到各国社会和企业的关注，影响力不断扩大，在世界各国均得以快速发展。尤其是第二次世界大战前后，公共关系获得了较快发展。

1. 公共关系在美洲的发展

现代公共关系萌芽和诞生于美国，并在 20 世纪上半叶获得了较快发展。

在艾维·李等人的推动下，社会各界逐渐认识到公共关系的作用，开始重视公共关系，并开始将公共关系应用到组织管理中。

以企业为例。20 世纪二三十年代，许多企业纷纷成立了公关部，开始运用公共关系运营企业。1930 年，卡尔·博雅成立了名为博雅公司的公共关系公司，该公司后来发展成为了世界上最大的跨国公共关系公司之一。

在企业纷纷引进公共关系、使用公共关系时，政治家也开始注意到公共关系的作用。自 20 世纪 20 年代开始，美国政府开始聘用公共关系方面的专家，在政治竞选中大量运用公共关系塑造候选人的形象。

据有关数据统计，1938 年，美国共有 250 家公关公司，公共关系从业人员达 5000 人，大约 20% 的大型企业内部设有公关部。① 公共关系行业的发展进一步促进了公共关系理论探索，《公关季刊》《公关杂志》《公共新闻》等行业刊物相继出版。此外，1948 年，美国公关协会成立，该协会出台了“公关人员职业规范守则”。

从以上数据可以看出，20 世纪上半叶，公共关系在以美国为代表的美洲地区获得了蓬勃发展。

2. 公共关系在欧洲的发展

20 世纪初期，公共关系理论迅速传播至欧洲国家。

第一次世界大战前，现代公共关系理论传播至英国；第一次世界大战后，公共关系理论引发了英国政府有关部门的重视。1924 年，英国交易局开始利用大规模宣传来促进贸易，英国交易局因此被称为“政府公共关系部的原型”。1926 年英国成立了“皇家营销部”，该部门是英国正式成立的官方公共机构，其通过开展全方位的公共关系活动取得了良好的效果。

然而，这一时期，公共关系尚未得到英国社会各界的广泛重视。1947 年，英国公共关系协会成立，这极大地推动了英国公共关系的快速发展，该协会后来发展成为欧洲最具规模的职业公共关系组织。20 世纪英国公共关系专家的代表为弗兰克·杰夫金斯（Frank Jefkins），其出版的《公共关系学》是现代公共关系史上的重要理论著作之一。

除英国之外，欧洲其他国家，例如，法国、德国、意大利等国家的公共关系在二战后相继发展起来，并取得了较好的成果。

3. 公共关系在亚洲的发展

第二次世界大战后，现代公共关系开始传播至亚洲地区。1947 年，日

① 邓月英 . 公共关系 [M]. 上海：复旦大学出版社，2009：8.

本各级政府成立了广报课或弘报课，又称为公共关系办公室。此后，以民间企业为代表的社会组织开始设立公共关系机构。其中，日本电通广告公司首任公共关系部长田中宽次郎是日本较早进行公共关系活动并推广公共关系的代表。

20世纪五六十年代，现代公共关系理论在日本获得了较大发展。1950年，共同社开办了“广告大学讲座”，对公共关系知识进行系统介绍。1957年后，随着日本企业海外贸易的发展，越来越多的日本企业经营者开始认识到公共关系在树立企业形象、维护企业与公众关系中的重要性，日本的公共关系实践获得了快速发展。日本人开办的公共关系公司越来越多。1964年，日本公共关系协会成立，进一步推动了现代公共关系在日本的发展。

除了日本之外，公共关系在亚洲的许多国家和地区均获得了快速发展。例如，印度、印度尼西亚、菲律宾、泰国、新加坡、韩国等国家的现代公共关系理论和实践均取得了较大发展。

（三）公共关系在中国的发展时期

现代公共关系传入中国的时间相对较晚。直到20世纪80年代初，现代公共关系才传入我国。伴随着我国改革开放，现代公共关系在中国获得了快速发展。纵观中国公共关系的发展，主要可以划分为三个阶段，即初步兴起阶段、迅速发展阶段和成熟稳定阶段。

1. 初步兴起阶段

1980年，随着我国经济特区的设立以及外商对华投资和贸易的增加，西方先进的科学技术和管理方法被引入我国。其中，公共关系作为现代新兴学科和社会职业，以公关实务的面貌被引入我国沿海开放城市。

1983年，广州中外合资的“白天鹅宾馆”设立了公共关系部，旨在团结企业职工，提高企业知名度，吸引国内外客户，其成为我国最早在企业内部设立公关部的服务业企业。

1984年，广州白云山制药厂成立了我国国内第一家工业企业的公共关系部。

中国公共关系事业的发展很快引发了国外跨国公共关系公司的关注。1984年，世界代表性公关公司——希尔·诺顿公司在北京设立了办事处，成为最早入驻中国市场的国外公关公司。

2. 迅速发展阶段

1984年后，随着我国经济体制改革的不断深入，我国公共关系实践和理论获得了快速发展。中国公共关系步入快速发展阶段。

1985—1989 年，国内各地区各行业均出现了大量公共关系实践，极大地推动了中国公共关系理论的发展。

1985 年 1 月，深圳市总工会在国内首次举办了公共关系培训班，宣传、普及公共关系知识。

1985 年 5 月，国内高校第一个公关学术团体——“中山大学公共关系研究会”成立。

1985 年 7 月，国内第一家公共关系公司——中国环球公共关系公司宣告成立。

1985 年 8 月，世界最大的公关公司——博雅公共关系公司与中国新华社下属的中国新闻发展公司签订协议，共同为在中国的外国机构提供公关服务。

1985 年 9 月，深圳大学大众传播系招收了国内第一批公共关系专业的大学生 (大专)；此后，中山大学、北京大学研究生院、首都师范大学、复旦大学、清华大学、中国人民大学等相继讲授公共关系课或开办公共关系专业。

1986 年 1 月，在著名经济学家于光远的呼吁下，我国第一个公共关系民间团体——广州地区公共关系俱乐部成立。

1986 年 11 月，上海成立了全国第一家省级公共关系协会。

1986 年 11 月，中国社会科学院编著的《塑造形象的艺术——公共关系学概论》正式出版。

1987 年 5 月，总部设在北京的中国公共关系协会成立。同年，原国家教委（现教育部）将公共关系学列入七大专业必修课程。

1987 年 12 月，浙江创办了国内在公共关系领域内的第一份报纸——《公共关系报》；随后,《公共关系导报》在青岛问世。

1988 年 2 月，国内第一份公共关系杂志——《公共关系》在西安创刊。

从 1988 年起，全国公共关系组织联席会议相继在杭州、西安、广州等地召开，为促进中国的公共关系发展作出了较大贡献。

此外，1985—1989 年期间，大量国外公共关系理论专著被介绍到中国，其中包括斯科特 · 卡特李普等人创作的《有效公共关系》。此外，我国一些公共关系专家，例如，王乐夫、廖为建等人相继出版了大量公共关系学著作。

从教育视角来看，中国公共关系教育在这一时期获得了较快发展。据有关数据统计，截至 1989 年，全国有 26 所高校设立了公共关系专业，有 400 多所高校开设了公共关系课程；公共关系专业教师有 300 多人，出版教材、专著160余种。① 这一时期，中国的公共关系理论和实践成果为20世纪90年代后公共关系的发展奠定了良好的基础。

3. 成熟稳定阶段

20世纪90年代后，中国公共关系的发展逐渐进入成熟稳定期。伴随着中国改革开放的深化，中国公共关系学者开始关注公共关系与我国发展和建设之间的关系。

1991年，中国国际公共关系协会的成立有效促进了中国公共关系的国际化，同时推动了我国公共关系事业的进一步发展。同年，中国公共关系协会在北京召开，对我国改革开放以来的公共关系理论和实践进行了较为全面的总结。

进入21世纪后，中国公共关系获得了新的发展机遇，在理论和实践上取得了新的进展。

从公共关系理论来看，这一时期的中国公共关系学科获得了较大发展。公共关系学不断拓展自身的专业边界，使得公共关系内涵更加丰富。在实践方面，以网络公共关系和危机公关为标志，社会组织纷纷设立危机公共关系部门，建立新闻发布会制度；社会上还出现了专门的危机公共关系公司，有效提升了公共关系的社会实践规模。

此外，在社会公共关系实践的影响下，大量危机公共关系类著作被译介或出版。

从公共关系教育角度来看，进入21世纪后，各高校更加重视公共关系人才的培养，高层次学科点建设成为公共关系界的追求。2003年，复旦大学创办公共关系学硕士点。不久，中国人民大学、中山大学、中国传媒大学、上海外国语大学也相继设立了公共关系学硕士点。在此基础上，复旦大学、华中科技大学、上海外国语大学等高校又设立了公共关系学方向的博士点。

2010年，中国公共关系协会建立了公共关系学专业院长联席会议制，制定了《公共关系学本科专业建设指南》，全面指导公共关系学本科专业教育工作。

进入21世纪以来，我国公共关系研究逐渐从实务型导向中脱离出来，朝着发展本土化的公共关系理论方向，不断推动公共关系学科的新发展。

---

① 余明阳．PRE：和谐的旋律——全国高校公共关系教学研讨会侧记［N］．公共关系报，1990-02-15.

三、公共关系的功能

公共关系的功能是指公共关系机构或公共关系行业的从业人员在履行公共关系职责的过程中产生的客观效果和影响。公共关系的功能涉及面较为广泛，不仅能够对社会组织产生积极作用，还能够间接地对社会或个人产生作用。

（一）公共关系在社会组织中的功能

社会组织在实施公共关系实践过程中能够塑造良好的社会组织形象，增强社会组织内部的凝聚力，有效调节社会组织与公众的关系，积极应对各种突发事件（见图 2-11）。

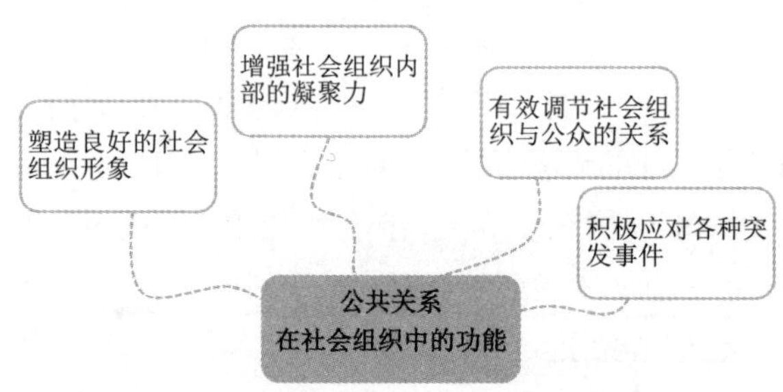

图 2-11　公共关系在社会组织中的功能

1. 塑造良好的社会组织形象

社会组织开展公共关系实践能够塑造和维护社会组织的良好形象。公共关系的主要功能是通过长期细致的具体工作，为公众提供优质的产品和服务，以获得公众的认可。

在公共关系实践中，社会组织通过对公众需求和期待的了解，再通过各种传播媒介，围绕特定的主题有意识地向公众传播与社会组织相关的信息，引导公众加强对社会组织的了解，创造有利的社会舆论环境。

例如，社会组织通过公益赞助、社会性和文化性活动，塑造组织良好的公益形象、社会公民形象、文化形象等，从而达到提升社会组织的知名度和美誉度的目的。除此之外，当爆发危机事件时，社会组织还可以通过妥善处理危机事件的方法，重新树立社会组织的良好形象。

2. 增强社会组织内部的凝聚力

公共关系职能目标可以总结为“内求团结，外求发展”。其中，内求团结是指社会组织内部员工的团结协作。

现代社会的竞争越来越激烈，无论什么类型的组织，只有形成强大的竞争力才能在社会发展中取得一席之地。而社会组织的竞争力则需要依赖组织内部的凝聚力。只有组织内部所有成员的目标高度一致，并朝着目标努力时，社会组织才能迸发出强大的竞争力。

公共关系能够建立和完善社会组织内部的各种传播沟通渠道和协调机制，进而促进社会组织内部的信息交流，创造社会组织内部和谐、融洽的人事环境，从而增强社会组织内部的凝聚力。

3. 有效调节社会组织与公众的关系

任何社会组织在发展中必须首先树立正确的组织目标，然后通过有效的运行以实现组织目标。公众是社会组织的服务对象，社会组织只有充分赢得公众的依赖，建立与公众的和谐关系，才能最终实现社会组织的生存和发展目标。

当社会组织与公众之间发生矛盾和摩擦时，公共关系能够充分发挥调节作用，对社会组织和公众之间的关系进行调节。这一点主要通过两个方面来实现：一方面，运用公共关系可以减少和避免社会组织与公众之间的摩擦；另一方面，当社会组织与公众之间发生矛盾和摩擦、社会组织形象遭到破坏时，积极有效地开展公共关系活动能够重新建立社会组织与公众的交流渠道，调节双方的关系。

4. 积极应对各种突发事件

任何社会组织均在现实环境中运行，所以会不可避免地受到现实社会的种种影响。当社会组织出现突发事件时，社会组织必须充分听取公众的意见，查清事实真相，与公众进行必要的沟通与交流，以取得公众的谅解，妥善解决矛盾，维护组织的信誉和形象。而公共关系在处理突发事件中起着极其重要的作用。

（二）公共关系在社会发展中的功能

1. 优化社会氛围

公共关系以真诚、诚信、沟通、交流、协作、互惠互利作为特色开展公关活动，通过一系列的公关活动，协调社会组织与组织之间、组织与个人之间的关系，从而有利于创造良好的社会环境。从这一视角来看，公共关系在构建和谐社会中具有突出作用。

2. 优化社会心理环境

进入 21 世纪以来，随着网络信息技术的快速发展，传统的社会交流和交际环境发生了较大变化。与此同时，随着社会竞争越来越激烈，人们的社会生存压力越来越大，人们在强大的工作和生活压力下易出现精神压抑、心情苦闷，进而导致各种心理障碍和心理疾病的出现。

而公共关系特有的交流、沟通、诚信、友爱等基本观念有利于在社会上营造良好的关系氛围，帮助人们相互了解，加强交流，从而营造良好的社会心理环境。

3. 推动社会经济繁荣

现代公共关系诞生于现代市场经济环境中，随着社会市场经济的不断发展，社会分工越来越细，社会竞争越来越激烈。而公共关系则在通过协调社会组织与公众之间的关系、提供信息咨询、协助组织科学决策等方面帮助组织获得良好的经济效益，推动社会经济的繁荣发展。

综上所述，公共关系具有多方面、多层次的作用，能够为社会组织自身和社会创造良好的发展环境，有利于推动社会的和谐发展。此外，由于公共关系以互惠互利作为原则，也有利于更好地满足公众的需求。

第三节 营销传播理论

高校形象管理中离不开营销和传播，本节主要对营销传播理论中的 USP 理论、品牌形象理论、定位理论和 IMC 理论进行详细分析。

一、USP 理论

USP 是英文 Unique Selling Proposition 的缩写，译为“独特的销售主张”。USP 理论起源于 20 世纪 50 年代。第二次世界大战后，西方主要国家的经济得到迅速恢复和发展。随着社会生产力的快速发展，社会产品的种类和数量大量增加，市场格局从卖方市场转向买方市场。然而，同类产品之间仍然存在较强的差异性，产品的同质性较弱。

单纯依靠普通的、模式化的广告创意和表现已无法获得受众的关注，引发观众的兴趣。因此，20 世纪五六十年代，USP 理论应运而生。

USP 理论最早由罗瑟 · 瑞夫斯（Rosser Reeves）提出，由于该理论具有较强的科学性，被称为“科学的推销术”，罗瑟 · 瑞夫斯因此被誉为“科学派”的旗手。

1961年，罗瑟·瑞夫斯在其著作《实效的广告》一书中，正式提出了USP理论。USP理论的核心可以概括为明确的概念、独特的主张、实效的销售三个方面。

其一，明确的概念。具体指一则广告必须向消费者明确陈述一个消费主张。在广告中，产品或服务的提供者向消费者阐明消费主张，告诉消费者为什么要购买该产品或服务，消费者从中能获得哪些利益，即一则广告应当向消费者提供明确的购买理由。

其二，独特的主张。这一主张必须是独特的，或者是其他同类产品宣传不曾提出或表现过的。广告中所表现的产品或服务的特点是该产品或服务所特有的、在众多同类产品中脱颖而出的功能，而非消费者已经熟知的产品或服务功能。独特的主张提醒消费者，通过购买该产品或服务可以获得独特的利益。

USP理论中的独特的主张应当从产品或服务自身出发，必须建立在产品或服务的基础之上，从中寻找打动消费者的角度。独特的主张中提出的产品或服务的特点是真实存在的，并且在之前同类产品的广告宣传中不曾提出或表现过。当某产品或服务的独特主张提出后，其他同类广告不能仅凭广告词窃取该产品的独特性，除非同类产品更新或有更大的广告投入才能获得更好的广告效果。

其三，实效的销售。这一独特的主张必须对消费者具有强大的吸引力，能够促进和拉动产品的实际销售。USP理论中的独特主张并非是产品生产厂家或服务者“一厢情愿”式的独特性，而是能够真正打动消费者，使消费者感兴趣和接受，引发消费者的实际购买行为。

USP理论是广告理论的重要转折点，进一步推动了消费者对同类产品中独特性的关注。USP理论在传统广告推销的基础之上衍生出了独特，又在各种独特中发展出创意这一概念，推动传统广告业进入一个全面追求创意的阶段。

二、定位理论

定位理论是20世纪60年代末70年代初由美国营销专家阿尔·里斯（Al Ries）与杰克·特劳特（Jack Trout）提出的。1969年，阿尔·里斯和杰克·特劳特在《工业市场》杂志上发表了一系列名为“定位时代”的文章。之后，两人共同出版了《广告攻心战略——品牌定位》一书，该书一经出版即成为畅销书，广告定位理论也随之传播开来。

（一）定位概念及特点

杰克·特劳特指出，定位就是令你的企业和产品与众不同，形成核心竞争力；对受众而言，即鲜明地建立品牌。[①] 定位理论具体可以划分为产品定位和广告定位两种类型。

产品定位，顾名思义是指企业对应什么样的产品来满足目标消费者或目标消费市场的需求。

广告定位，指企业从消费者需求出发，将整个市场按照不同的标准划分为不同的部分或购买群，并且选择其中一个或几个市场部分进行广告调查，确立广告主题，选择广告媒体、编写广告文案，实施广告行为的系统广告营销策略。[②]

产品定位和广告定位既存在区别，又相互影响（见表 2-4）。

表2-4　广告定位与产品定位的关系一览表

	要素	广告定位	产品定位
不同	侧重点不同	产品在广告中的位置，即广告传达的产品信息	产品在市场上的位置
	决定实施者不同	由广告公司进行策划实施	由生产经营者或广告主进行策划实施
影响	产品定位影响广告定位	产品定位决定广告定位，产品定位越明确，广告定位才能准确有效	
	广告定位影响产品定位	广告的定位能够巩固产品定位，纠正错误的产品定位	

从上表中可以看出，广告定位与产品定位之间存在着千丝万缕的关系。值得注意的是，产品定位并不能改变产品本身，其目的也并非改变产品，而是引导消费者对产品的看法。

定位理论自诞生后，即对企业营销产生了较大影响。随着时间的推移，定位理论的应用范围不断扩大，从最初在广告业中作为打动顾客的传播与沟通技术，到后来被引用到整个营销领域。

① 陈经超．活动营销 微博篇[M]. 厦门：厦门大学出版社，2017：75.

② 萧冰，王茜．广告的力量[M]. 上海：上海交通大学出版社，2016：41.

定位理论的基本主张包括以下五个维度。

（1）广告的目标是使产品、品牌或公司在消费者的心目中获得一席之地。

（2）广告应集中于产品的某一方面，致力于使该方面在消费者的心里留下深刻印象，占有一定位置。

（3）利用广告创造出产品独有的位置，以便使消费者印象深刻，且不易将该产品与其他产品相混淆。

（4）广告中所表现出来的产品的差异性，并非产品具体而特殊的功能利益，而是要显示和实现品牌之间的类的区别。

（5）产品的广告定位一旦建立，可以在消费者心目中达到先入为主的效果。无论何时何地，只要消费者产生相关需求时，即会自动联想到该品牌或产品，从而达到良好的广告效果。

（二）定位方法

现实生活中常有的广告定位方法主要包括实体定位、首席定位、比附定位、是非定位、重新定位五种类型。

1. 实体定位

实体定位是从产品出发，选择产品与同类产品存在明显区别的特点进行放大和包装，以引发消费者的兴趣和关注。实体定位方法可以从产品的品质、功效、工艺、外观、价格、使用方法等方面着手。

2. 首席定位

首席定位方法是从产品在行业或某一方面的杰出表现出发对产品进行的定位。首席定位方法强调产品在行业中的领导地位，从而对消费者进行引导。

3. 比附定位

比附定位方法是指企业在广告定位中，不仅明确自己现有的位置，而且明确竞争者的位置，然后用比较的方法设法建立或找到自己的品牌与竞争者的品牌，以及自己想要占据的位置与竞争者已经在消费者心目中占据的位置之间的关系，从而使自己的品牌或产品进入消费者的心中。

比附定位方法在现实广告中一般可划分为三种类型，分别是甘居第二定位、攀龙附凤定位、进入高级俱乐部定位。

4. 是非定位

是非定位方法是指打破既定思维模式，创立一种超乎传统理解的新观念，从而使产品进入消费者的视野和心目之中。

5. 重新定位

重新定位方法是指打破产品在消费者心中原有的形象和位置，创造一个利于产品发展的新形象。

三、品牌形象论

品牌形象论是大卫·奥格威（David Ogilvy）在20世纪60年代中期提出的创意观念，是营销传播理论和广告创意策略理论中的重要流派与分支。品牌形象论有效地对USP理论和定位理论进行了融合。

品牌形象论的核心是为企业塑造长期稳固且具有独特性的品牌形象。大卫·奥格威认为，品牌形象不是产品生而有之的，而是消费者在长期使用和消费产品的过程中对产品的质量、价格和历史进行了解而形成的对产品的一种独特的认识。根据这一观点，大卫·奥格威指出产品的每一则广告均应起到引导消费者认识产品的作用，并且成为企业构建品牌的长期投资。因此，每一个品牌或产品均应发展和投资一个形象，该形象通过不同的广告渠道和传播方式对品牌或产品的潜在客户或实际客户产生影响。

除了大卫·奥格威之外，罗诺兹和刚特曼（Reynolds & Gutman）从品牌策略的角度提出，品牌形象是在竞争中的一种产品或服务差异化的含义的联想的集合。维护品牌形象应从产品认知、情感或印象、信任度、态度、形象个性等方面着手。

品牌形象论倡导通过借助广告、公关、促销等手段，对产品进行宣传，打造品牌形象，维护和强化品牌在消费者心目中的地位。

综上所述，品牌是消费者在生活中，通过认知、体验，逐步建立对产品及生产产品的企业的信任与感受，是消费者如何感受一个产品的总和。[①] 品牌与产品之间存在显著区别。品牌具有三方面的价值：理性价值、感性价值和象征性价值。而产品则是基于事实，是工厂生产出来的东西。在现实生活中，一个企业所生产的产品可以被其他公司所模仿，然而，品牌却是独一无二，无法被轻易模仿（见表2-5）。

① 萧冰，王茜．广告的力量[M]. 上海：上海交通大学出版社，2016：40.

表2-5　品牌与产品的区别一览表

分类	品牌	产品
划分标准不同	基于消费者对产品或产品系列的认知与感受	基于事实基础，工厂实际生产出的东西
形态不同	品牌形象是抽象化的、无形的、可以被识别的，不能被轻易模仿	产品则是有形的物品、无形的服务、组织、观念及其组合，可以被模仿
价值不同	理性价值 感性价值 象征性价值	为了满足市场需要，而创建的用于运营的功能及服务，具有较强的物质价值和服务价值

根据大卫·奥格威所提出的品牌形象理论，广告是塑造品牌的有力手段，企业在为社会大众提供优质产品和服务的同时，也应塑造公司或产品的品牌形象，以获得更多的品牌忠诚用户，实现企业价值最大化。明确了品牌形象论的内容及要点之后，企业还可通过量化的方法对自身的品牌形象进行评判。品牌形象的评判指标主要包括品牌知名度、品牌美誉度、品牌关注度、品牌认知度、品牌认可度和品牌忠诚度（见表 2-6）。

表2-6　品牌形象论的评判指标一览表

序号	类型	内涵
1	品牌知名度	1. 公众知名度 2. 行业知名度 3. 目标受众知名度
2	品牌美誉度	1. 公众美誉度 2. 行业美誉度 3. 目标受众美誉度
3	品牌关注度	品牌要想获得成功，必须引发公众的关注，公众关注度越高的品牌越容易获得成功
4	品牌认知度	引导消费者加深对品牌的认识，了解品牌核心理念、品牌的价值和品牌文化，以及品牌相关的其他信息
5	品牌认可度	公众对品牌价值、品牌经营理念、企业文化等方面的认同程度
6	品牌忠诚度	公众对品牌形成的稳定、牢固的归属感，对品牌的信心

综上所述，品牌形象论强调品牌的重要性，认为消费者购买的并不是产品本身，而是产品能够提供的物质利益和心理利益，倡导将产品品牌的长期投资置于首位。

四、整合营销传播理论

整合营销传播（Integrated Marketing Communication，简称IMC）是综合、协调地使用各种形式的传播方式，向公众传递本质上一致、明确、连续的信息，使传播的影响力最大化的一种营销手段。[①]

整合营销传播理论是20世纪80年代由美国西北大学教授唐·E.舒尔茨（Don E. Schultz）等人创作的《整合营销传播》中提出的。唐·E.舒尔茨认为，整合营销传播是一种看待事物整体的新方式，过去我们只看到其中的各个部分，比如广告、销售促进、人员沟通、焦点广告等，它是重新编排的信息传播，使它看起来更符合消费者看待信息传播的方式，像一股无法辨别的源泉流出的信息流。[②]

整合营销传播理论的核心内容包括五个方面。

其一，消费者中心论。

其二，媒介组合化。

其三，信息一元化。

其四，符号特色化。

其五，品牌忠诚度。

整合营销传播理论的出现，有效地强化了广告宣传活动的规模效应和持续效应，有效提高了广告的效果。

---

① 刘昕远．广告学概论[M]．北京：中国轻工业出版社，2007：45.

② 林升梁．网络广告原理与实务[M]．厦门：厦门大学出版社，2007：81.

第三章　新时代高校形象管理的机遇与挑战

第一节　新时代高校形象管理的影响因素

高校形象是高校内外公众对高校的内在特点和外在表现的总体印象和评价，也是高校在办学过程中体现出来的行为特征和精神面貌的总和，是一所高校区别于其他高校的特点。世界上任何一所高校均会以各种形式在社会公众心目中留下印象。高校的形象千姿百态，然而却存在良莠之别以及清晰与模糊之分。新时代，随着我国高等教育的快速发展，高校之间的竞争越来越激烈，高校形象管理势在必行。本节主要对新时代高校形象管理的影响因素进行详细分析。

一、师资水平和科研实力

高校的师资水平和科研实力是一所高校生存和发展的基本要素，也是决定高校形象管理水平的重要因素。高校以培养人才为目标，而人才的培养关键在于师资水平。一般而言，高校的师资水平越高，教学质量就越高。此外，高校的科研硬件水平和科研研究能力共同构成的科研实力是影响高校教学质量的关键因素。

高校师资水平和科研实力体现在多个方面，包括高校教师的学历水平、知名度，高校的学位点、教学水准和科研能力等方面（见图 3-1 ）。

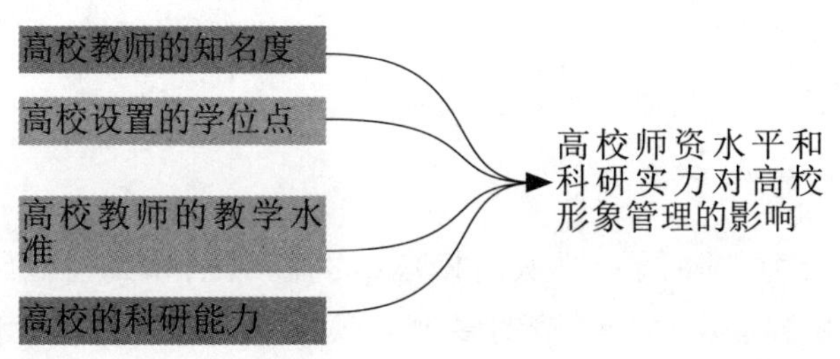

图 3-1　高校师资水平和科研实力对高校形象管理的影响

（一）高校教师的知名度

高校教师的知名度是影响高校形象管理的重要因素。本书所指的高校教师的知名度是高校教师是否为诺贝尔奖获得者、两院院士、国家级专家等。高校的知名教授一般划分为两种类型：一种类型是国际一流知名教授。这类高校教授往往既是杰出的科学家、教育家，也是著名的社会活动家。这类教授在科学专业领域、教育界和社会上往往具有较强的影响力，能够对其所在的高校产生较强的形象辐射力，对提升高校形象有着较大的影响。另一种类型的高校知名教授在全国同行内具有较强的知名度和辨识度，然而由于较少参加专业之外的社会活动，与前一种类型相比，这类教授的知名度相对较低。

无论哪一种类型的高校知名教师均在高校形象的建设、传播和维护中起着重要作用，是影响高校形象的关键因素之一。

（二）高校设置的学位点

高校设置的学位点的层次和数量是高校教师师资水平的形象写照，也是高校学科资质的反映，是决定高校教学层次的重要指标。一般而言，高校的硕士学位点和博士学位点的招生数量远远低于本科生和专科生的招生数量，所形成的高校形象的学生辐射面较小。

然而，从高校形象管理的角度来看，高校学位点是彰显高校教学实力的主要因素，其在教育界、科技界、高新技术产业领域均能够形成较大的辐射力度和辐射强度，并具有较强的扩散能力。

（三）高校教师的教学水准

教学活动是高校教师培养人才的基本活动，也是衡量教师基本教学水平的主要指标。高校教师除了面向校内学生开展教学活动之外，往往还面向社会各界人士举办各种主题讲座，具有频率高、涉及面广的特点，是影响高校形象管理的重要因素。

（四）高校的科研能力

高校科研能力的高低一般从高校承担的高级别和大型科研项目数量、科研机构的级别和数量、科研经费的多少，以及科研成果的数量和级别、科研著作的影响力等方面体现出来。

高校的科研能力是推动高校可持续发展的重要因素，也是高校形象管理的重要影响因素。高校的科研能力不仅在高教界和科技界存在较大影响，而且随着科研成果的转化，还会波及和影响社会各界，在社会上产生持久的影响力，进而影响高校形象。

二、学生素质和校友成就

（一）学生素质

学生是高校教学成果的体现，也是影响高校形象管理的重要因素。高校的学生素质可以细分为三种类型，即生源质量、在校生质量和毕业生质量。

1. 生源质量

高校的生源质量直接体现在高校录取分数线的高低，以及特长生比例、第一志愿生源录取等方面。受我国现行教育政策的影响，高校每年招生时，均需向社会公布录取分数线，而录取分数线也是高校向社会展现高校形象的因素之一。不同层次的高校录取分数线也不尽相同。可以说，高校录取分数线是公众判断高校层次的重要尺度。一般而言，高校录取分数线越高，高校的生源质量也相对越高。

2. 在校生质量

高校在校生质量是指高校学生的课程成绩、综合素质、创新能力等方面。近年来，我国高校越来越重视高校教育质量，设立了面向全国或区域学生的各种竞赛活动，包括科技类竞赛活动、文化类竞赛活动、艺术类竞赛活动、体育类竞赛活动、创新创业类竞赛活动等。

高校学生参加这些竞赛活动并在竞赛活动中取得排名或获奖，这往往体现了高校在校生的培养质量，对高校形象管理有着极其重要的影响。

例如，近年来，中国高等教育学会高校竞赛评估与管理体系研究工作组每年发布上年度全国普通高校大学生竞赛榜单，并对参加竞赛以及在竞赛中获奖的高校进行分析，以此作为高校在校生质量的衡量标准之一（见表3-1 2021全国普通高校大学生竞赛榜单内竞赛项目名单）。

表3-1　2021全国普通高校大学生竞赛榜单内竞赛项目名单

序号	竞赛名称
1	中国“互联网+”大学生创新创业大赛
2	“挑战杯”全国大学生课外学术科技作品竞赛
3	“挑战杯”中国大学生创业计划大赛
4	ACM-ICPC国际大学生程序设计竞赛

续表

序号	竞赛名称
5	全国大学生数学建模竞赛
6	全国大学生电子设计竞赛
7	中国大学生医学技术技能大赛
8	全国大学生机械创新设计大赛
9	全国大学生结构设计竞赛
10	全国大学生广告艺术大赛
11	全国大学生智能汽车竞赛
12	全国大学生交通运输科技大赛
13	全国大学生电子商务“创新、创意及创业”挑战赛
14	全国大学生节能减排社会实践与科技竞赛
15	中国大学生工程实践与创新能力大赛
16	全国大学生物流设计大赛
17	外研社全国大学生英语系列赛——英语演讲、英语辩论、英语写作、英语阅读
18	全国职业院校技能大赛
19	两岸新锐设计竞赛·华灿奖
20	全国大学生创新创业训练计划年会展示
21	全国大学生化工设计竞赛
22	全国大学生市场调查与分析大赛
23	全国大学生先进成图技术与产品信息建模创新大赛
24	全国三维数字化创新设计大赛
25	世界技能大赛
26	世界技能大赛中国选拔赛
27	“西门子杯”中国智能制造挑战赛
28	中国大学生服务外包创新创业大赛

续表

序号	竞赛名称
29	中国大学生计算机设计大赛
30	中国高校计算机大赛——大数据挑战赛、团体程序设计天梯赛、移动应用创新赛、网络技术挑战赛、人工智能创意赛
31	蓝桥杯全国软件和信息技术专业人才大赛
32	米兰设计周——中国高校设计学科师生优秀作品展
33	全国大学生地质技能竞赛
34	全国大学生光电设计竞赛
35	全国大学生集成电路创新创业大赛
36	全国大学生金相技能大赛
37	全国大学生信息安全竞赛
38	未来设计师·全国高校数字艺术设计大赛
39	全国周培源大学生力学竞赛
40	中国大学生机械工程创新创意大赛——过程装备实践与创新赛、铸造工艺设计赛、材料热处理创新创业赛、起重机创意赛、智能制造大赛
41	中国机器人大赛暨 RoboCup 机器人世界杯中国赛
42	“中国软件杯”大学生软件设计大赛
43	中美青年创客大赛
44	RoboCom 机器人开发者大赛
45	“大唐杯”全国大学生移动通信 5G 技术大赛
46	华为 ICT 大赛
47	全国大学生嵌入式芯片与系统设计竞赛
48	全国大学生生命科学竞赛（CULSC）——生命科学竞赛、生命创新创业大赛
49	全国大学生物理实验竞赛
50	全国高校 BIM 毕业设计创新大赛

续表

序号	竞赛名称
51	全国高校商业精英挑战赛——品牌策划竞赛、会展专业创新创业实践竞赛、国际贸易竞赛、创新创业竞赛
52	“学创杯”全国大学生创业综合模拟大赛
53	中国高校智能机器人创意大赛
54	中国好创意暨全国数字艺术设计大赛
55	中国机器人及人工智能大赛

（备注：竞赛排名不分先后）

除此之外，高校在校生质量还体现在高校学生在国际、国内重大突发事件中表现出的政治鉴别力，政治立场、观点以及国家、民族意识，社会责任感等方面。

3. 毕业生质量

毕业生质量主要体现在学生的毕业设计或论文质量，学生的毕业设计或论文发表和获奖级别与数量、毕业生的一次性就业率高低等方面。

由于高校学生数量众多，这些学生往往将学校的信息通过各种方式传播至社会上，从而对学校的形象产生重要影响。从这一视角来看，高校学生的素质是高校形象管理的重要组成部分。

（二）校友成就

高校学生毕业后走上社会，即成为高校的校友。一般而言，在高校形象管理中，高校在校师生主要起到建设和塑造高校形象的重要作用，而校友则承担着传播和表现高校形象的角色。社会各界对高校毕业生表现的评价背后也蕴藏着对毕业生所在高校的评价。

通常情况下，高校毕业生在社会上的形象以及表现直接关系到社会各界对高校形象的印象。如果一所高校所拥有的为社会作出杰出贡献的知名校友越多，该高校的形象越优质。尤其是办学历史较长的学校，其校友分布面广，知名校友相对较多，对高校形象的辐射程度更强，同时影响力也更为深远。

从校友成就的视角来看，高校应当与校友之间保持较为密切的关系。当校友取得新的成就时，通过校友影响即可以实现提升高校形象的作用，从而有利于高校进行形象管理。

三、学校规模和校园环境

（一）学校规模

高校规模大小是体现高校实力的重要因素。高校规模一般体现在三个方面，即在校生人数、学校占地面积和校园固定资产。这三个方面相互影响，相辅相成。其中，学校占地面积直接关系着高校生在校人数的多少，而高校在校生人数与校园固定资产之间也存在较强的联系。一般而言，高校占地面积越大，在校生人数越多，校园固定资产也越多。

不同类型的高校，其在校生人数、学校占地面积和校园固定资产三者之间的比例也不尽相同，甚至相差甚远。

根据高校在校生人数、高校占地面积进行划分，高校规模可以划分为巨型、中型和小型三种类型。不同规模的高校在社会上的形象也不尽相同。根据人们的思维定式，高校规模是高校实力的外在表现因素。因此，高校规模通常对高校形象存在较大影响。

值得注意的是，尽管有的高校规模不大，但由于具有较强的特殊性，其影响力仍然较大。例如，中央民族大学、北京协和医学院、外交学院、首都经济贸易大学等。

（二）校园环境

校园环境是高校的直观物化形象之一，也是社会公众认识高校的主要载体之一。高校校园的地理位置、建筑风格、人文景观等，对高校的特点以及风格的形成具有极其重要的作用。高校校园环境一方面反映了高校的办学思想、教学目标、教学条件，另一方面反映了高校师生的精神面貌。

高校校园环境不仅有利于增强在校师生的工作和学习热情，也会对其文化修养和审美人格产生潜移默化的影响，还能够树立和传播高校形象。利用学校标志性建筑、特色雕塑等构建独特的校园环境，能够吸引社会大众的广泛关注，从而提升高校形象。从这一视角来看，高校环境是高校形象管理的重要影响因素。

例如，武汉大学的樱花全国闻名，每当春季樱花盛开时，武汉大学校园内的千株樱花竞相开放，极其优美，每年吸引大量游客来到武汉大学赏樱花；又如，北京大学历史悠久，其中的未名湖、畅春园等举世闻名；再如，厦门大学建于滨海之畔，学校的海塘堤岸景色十分优美，引发人们关注。

四、时代精神和历史风采

（一）时代精神

时代精神是指在社会生产力、社会发展程度和社会价值观影响下高校体现出来的与时俱进的特性。新时代，受世界政治、经济和科技发展的影响，我国高校开始朝着国际化和现代化的方向发展。因此，这一时期，时代精神在高校形象上主要表现为国际性和现代感。

高校的国际性和现代感主要体现在两个方面。

其一，高校办学理念、教育思想与国际现代高等教育思想和办学理念的融合程度，以及受此影响而呈现出来的校园新文化、校园新观念等。

例如，近年来，随着经济全球化进程的加快和持续深化发展，以及知识经济时代的到来，我国教育部加强了对世界一流大学和一流学科的建设。

2015 年 10 月，国务院印发了《统筹推进世界一流大学和一流学科建设总体方案》，对新时期高等教育重点建设做出新部署。

2017 年 1 月，我国教育部印发了《统筹推进世界一流大学和一流学科建设实施办法（暂行）》；同年 9 月，教育部、财政部、国家发展和改革委员会联合发布《关于公布世界一流大学和一流学科建设高校及建设学科名单的通知》; 2022 年 2 月 14 日，教育部、财政部、国家发展改革委公布《第二轮“双一流”建设高校及建设学科名单》。

高校的“双一流”建设以突出培养一流人才、服务国家战略需求、争创世界一流的教育观念作为导向，进入“双一流”建设名单高校即体现出较强的时代精神。

其二，高校教学、科研活动的国际性和研究领域的现代前沿性。

高校承担着为国家培养人才的重任，高校的教学和科学活动受社会需求的影响，随着时代的发展而呈现出较强的发展性。新时代，高校的教学和科研活动是否具有国际性和现代性直接关系着高校的未来发展。

高校教学、科研活动的国际性和研究领域的现代前沿性直接反映在高校学科和专业设置方面。

我国自 2015 年以来实施的“双一流”建设工程，以建设一流师资团队、培养拔尖创新人才、提升科学研究水平、传承创新优秀文化、着力推进成果转化作为目标，通过建设一流学科的形式推动高校发展。

在“双一流”建设工程的影响下，近年来，我国高校越来越重视重点学

科的建设，促进了高校教学、科研活动的国际性和研究领域的现代前沿性。而能否进入“双一流”建设学科名单，也成为新时代影响高校形象管理的重要指标。

除了以上两个方面之外，新时代高校人才培养新模式的探索，以及新设备的添置、新课程的开设，教学理念、内容和方法、手段的更新等，均是高等教育界和社会各界判断一所高校是否具备时代精神的重要参考指标。

高校的时代精神直接反映了一所高校的开拓、进取、创新和奋进的精神，也是高校生机、活力以及创造力的展现。从这一视角来看，高校时代精神具有较为广泛的辐射力，是高校形象管理的重要影响因素。

（二）历史风采

本书所谓的历史风采是指一所高校在发展历程中留下的足迹。高校的历史是高校的重要财富资源，主要包括高校事业的发展、办学规模的扩大、办学层次的提高、取得的成就、为国家和社会所作出的贡献、师资队伍的扩大、固定资产的增加、为国家培养各类高层次人才的数量等。

高校的历史风采中蕴含着一所高校不断奋斗和进取的精神，是高校的重要形象资源，也是高校形象管理的重要影响因素。高校的形象是历史和现实的统一；现实是历史的延续，又是未来的历史。

社会处于持续不断的发展中，以发展的眼光来看，现实必将成为历史，现实中高校所秉持的建设和发展精神，以及取得的成就必将成为未来高校的历史风貌。

从这一视角来看，高校的历史风采和现实创造均为高校形象管理中不可或缺的重要影响因素。一所高校的悠久历史与辉煌的成就所形成的高校形象具有持续而深远的辐射力。

例如，我国的北京大学、清华大学等百年老校，百年来培育了一代又一代具有历史目光和渊博知识的人才，他们在各条战线均发挥了积极作用，为祖国各项事业的发展作出了杰出贡献。此外，百年高校中形成的优良学风、治学的态度具有承前启后的作用，凝聚着独特的高校精神。这一精神代代相传，体现出高校独特的魅力。

五、国家政策

高校的形象管理不仅受高校自身内在因素的影响，还受到外在客观条件的影响。高校作为社会组织形式，受社会政治、经济、文化的影响，其中，国家政策对高校建设和发展的影响较为直接。此外，国家政策还是高校形象管理的重要影响因素。

例如，20 世纪 90 年代，我国为了培养新世纪人才，落实“科教兴国”战略而实行了“211 工程”和“985 工程”。“211 工程”和“985 工程”的实施推动了 21 世纪高水平大学的建设，使我国一批高校脱颖而出；同时，推动了我国高水平大学的创新能力，使高校成为加速国家经济增长方式转型的动力来源。而入选“211 工程”和“985 工程”的高校形象也显著提升（见表 3–2）。

表3–2 985高校名单一览表

序号	学校名称	序号	学校名称	序号	学校名称
1	北京大学	14	武汉大学	27	中山大学
2	清华大学	15	华中科技大学	28	华南理工大学
3	中国科学技术大学	16	吉林大学	29	兰州大学
4	南京大学	17	厦门大学	30	西北工业大学
5	复旦大学	18	山东大学	31	东北大学
6	上海交通大学	19	中国海洋大学	32	同济大学
7	西安交通大学	20	湖南大学	33	北京师范大学
8	浙江大学	21	中南大学	34	中国人民大学
9	哈尔滨工业大学	22	大连理工大学	35	中国农业大学
10	北京理工大学	23	北京航空航天大学	36	国防科技大学
11	南开大学	24	重庆大学	37	中央民族大学
12	天津大学	25	四川大学	38	华东师范大学
13	东南大学	26	电子科技大学	39	西北农林科技大学

新时代，我国继续实施科教兴国战略。高校作为培养高学历、高科技人才和社会主义建设者和接班人的主体，受科学兴国战略的影响较大。例如，新时代“双一流”大学工程的实施引导我国高校树立了与世界名校一争高下的雄心，引导高校的形象朝着国际化的方向迈进。从这一视角来看，在高校形象管理中国家政策起着重要影响。

从高校形象管理视角来看，国家教育思想、教育制度、教育政策和教育资金投入，高等教育管理体制和运行机制，均能够对高校形象管理产生重要影响。

第二节　新时代高校形象管理面临的机遇

本节主要从政策机遇、经济机遇、科技机遇三个方面对新时代高校形象管理面临的机遇进行分析。

一、新时代高校形象管理的政策机遇

国家政策是影响高校形象管理的重要影响因素，新时代我国“双一流”建设工程的实施为高校形象管理创造了新的历史机遇。

“双一流”建设工程的实施旨在提升中国高等教育的综合实力和国际竞争力。“双一流”建设工程是一项正在实施且持续深化的政策。自 2017 年，教育部印发《统筹推进世界一流大学和一流学科建设实施办法（暂行）》以来，至今我国已分别于 2017 年和 2022 年发布了两轮“双一流”建设高校和建设学科名单。

“双一流”建设工程的实施为高校建设制定了新的发展目标，为高校形象管理增加了新的维度。在“双一流”建设工程实施之前，人们普遍将“985”“211”作为优秀大学的代名词；而在“双一流”建设工程实施后，随着“双一流”建设名单的公布，其为更多高校的学科建设和形象管理提供了新的历史机遇。

2017 年发布的《关于公布世界一流大学和一流学科建设高校及建设学科名单的通知》中公布了 42 所世界一流大学建设高校和 95 所世界一流学科建设高校（见表 3-3 42 所世界一流大学建设高校一览表）。

表3-3　42所世界一流大学建设高校一览表

世界一流大学建设高校（A 类）36 所			
北京大学	大连理工大学	中国科学技术大学	重庆大学
中国人民大学	吉林大学	厦门大学	电子科技大学

续表

世界一流大学建设高校（A 类）36 所			
清华大学	哈尔滨工业大学	山东大学	西安交通大学
北京航空航天大学	复旦大学	中国海洋大学	西北工业大学
北京理工大学	同济大学	武汉大学	兰州大学
中国农业大学	上海交通大学	华中科技大学	国防科技大学
北京师范大学	华东师范大学	中南大学	
中央民族大学	南京大学	中山大学	
南开大学	东南大学	华南理工大学	
天津大学	浙江大学	四川大学	
世界一流大学建设高校（B 类）6 所			
东北大学	郑州大学	湖南大学	云南大学
西北农林科技大学	新疆大学		

（注：排名不分先后）

而 95 所世界一流学科建设高校中除了人们印象中的“名牌大学”外，还出现了大量专科类学校或区域内较有影响的学校。例如，首都师范大学、上海中医药大学、中国音乐学院、中央美术学院、天津工业大学、天津中医药大学、上海海洋大学、上海体育学院、上海音乐学院、南京邮电大学、南京林业大学、南京信息工程大学、南京中医药大学、河南大学、西南石油大学、成都理工大学、成都中医药大学、宁波大学等。这些学校并非“211”和“985”大学，它们在“双一流”建设工程中能够脱颖而出，凭借的是高校特色学科建设入选世界一流学科建设高校。由此可见，“双一流”建设工程的实施为高校形象的建设和传播提供了新的机遇。

2022 年 2 月 14 日，教育部、财政部、国家发展改革委公布《第二轮“双一流”建设高校及建设学科名单》。这一名单较之 2017 年发布的《关于公布世界一流大学和一流学科建设高校及建设学科名单的通知》新增了 7 所大学及学科建设（见表 3-4）。除了这 7 所高校之外，第二批“双一流”名单中还有 34 所高校新增加了一批“双一流”学科。

表3-4　第二轮“双一流”新增高校及其学科名单一览表

序号	学校	学科
1	山西大学	哲学、物理学
2	南京医科大学	公共卫生与预防医学
3	湘潭大学	数学
4	华南农业大学	作物学
5	广州医科大学	临床医学
6	南方科技大学	数学
7	上海科技大学	材料科学与工程

（注：排名不分先后）

除了新增名单之外，《第二轮“双一流”建设高校及建设学科名单》中还公布了警示或撤销名单。由于整体发展水平、可持续发展能力和成长提升程度相对落后等原因，我国对 15 所高校 16 个双一流学科进行了警示或撤销（见表 3-5）。这些学科将会在 2023 年再次接受评价，如果还是未通过，届时将会被调整出建设范围。

表3-5　第二轮“双一流”警示或撤销名单一览表

序号	学校	学科
1	北京中医药大学	中药学
2	内蒙古大学	生物学
3	辽宁大学	应用经济学
4	东北师范大学	数学（予以撤销，根据学科建设情况调整为“教育学”）
5	延边大学	外国语言文学
6	上海财经大学	统计学（予以撤销，根据学科建设情况调整为“应用经济学”）
7	宁波大学	力学
8	安徽大学	材料科学与工程

续表

序号	学校	学科
9	华中师范大学	中国语言文学
10	中南财经政法大学	法学
11	广西大学	土木工程
12	西藏大学	生态学
13	宁夏大学	化学工程与技术
14	新疆大学	化学、计算机科学与技术
15	海军军医大学	基础医学

（注：排名不分先后）

受我国“双一流”工程建设政策的影响，“双一流”高校和学科建设备受社会瞩目，第二轮“双一流”建设高校及建设学科名单一经发布即引发社会各界的热议。

对于高校来说，进入“双一流”建设高校及建设学科名单则意味着高校的学科建设达到了较高水平，给高校形象的提升和传播带来新的机遇。而如果进入警示或撤销名单则会对高校的形象管理产生强大的“杀伤力”，严重危及高校的形象管理。

综上所述，新时代，高校形象管理面临着新的政策机遇。高校只有进一步修炼内功，建设特色学科，提高自身的教学质量和科研水平，才能抓住利好政策的机遇，充分利用“双一流”建设工程的辐射力和影响力进行高校形象管理。

二、新时代高校形象管理的经济机遇

自 21 世纪以来，随着科学技术的快速发展，世界进入知识经济时代。知识经济时代是以现代科学技术为核心的建立在知识和信息的生产、储存、使用和消费之上的经济。知识经济以高新技术产业为第一产业支柱，以智力资源为首要依托。

知识经济时代，高校作为培养人才的主要场所，拥有大量高素质专门人才、先进的仪器设备、较强的科研能力、良好的人文精神，是生产知识、推动科技发展的重要动力。知识经济时代的深化发展为高校形象管理创造了新的机

遇。主要表现在以下几个方面。

（一）有利于高校借助科学技术类无形资产进行形象管理

知识经济时代，知识成为推动社会发展的重要的、不可或缺的生产力。高校不仅承担着为社会培养高素质人才的重任，还承担着最新技术研究和学术研究的重任。高校内部集中了大量优秀的知识分子，他们既掌握着大量学科类知识，又具有较强的创新能力，是新知识的创造主体和新技术的发明主体。在知识经济时代，高校在进行教学任务和科学研究的过程中积淀了大量新知识、新技术，形成了大量专利、专有技术资源。而新知识和新技术经过科技成果转化，可以形成新的产品和服务，进而推动社会经济和科技的快速发展。

例如，美国硅谷是世界著名的创新中心，一百多年来，硅谷培育了五十多位诺贝尔奖获得者，拥有无数依靠智慧和知识而创造的公司，逐渐发展为全球创新中心。硅谷之所以能够成为世界高新技术创新和发展的开创者和中心，离不开高校的支持。硅谷地区集中了斯坦福大学、西北理工大学、旧金山大学、金门大学等多所高校。这些高校为硅谷提供了源源不断的高新技术支持，在硅谷崛起中起着极其关键的作用。

20 世纪 90 年代，中关村以高校科研力量和高科技成果作为依托，通过大学的高科技成果孵化推进高新技术产业的发展，诞生了北大方正、清华同方、东大阿尔派等一系列高校科技企业，为我国的产学研创造出了一条新的思路。

新时代，随着知识经济的深化发展，高校的科研成果转化渠道更加丰富，转化概率更高，而高校大量新专利和新技术被应用于生产，在推动社会经济和科技发展的同时，也有利于树立高校的科技形象，提升和传播高校形象，进而在社会上形成持久的辐射力和影响力。

（二）有利于高校借助校园建筑或环境进行形象管理

现代高校是知识高地，也是人文精神传播的重要场所。高校作为社会公共教育场所，不仅是进行科学普及与教育、科学试验与探索的地方，还经常举行各种类型的学术研讨会、辩论赛等，形成了独特的校园人文环境。而高校所在城市的地理位置、气候条件、经济水平、文化传统和历史发展与高校自身的人文环境相结合，形成了独特的高校校园环境。

新时代，随着知识经济的深化发展，社会大众对高校产生了独特的崇拜心理，为高校通过借助校园建筑或环境进行形象管理提供了前所未有的机遇。

以高校旅游活动为例。高校旅游活动是利用高校独特的人文景观、清新优雅的自然风光、悠久且深厚的文化内涵和校园特有的书香氛围为依托而开展的一种特色旅游。高校旅游与大众旅游相比具有强烈的知识性、文化差异性、极强的体验性等特点。

高校作为优质的社会教育资源，不仅承担着培养在校学生的任务，还承担着一定的社会教育任务。而社会游客在游览校园美景的同时，可以学习知识、体验高校的科学人文氛围，从而提高全民素质，形成良好的社会文化氛围。此外，高校旅游活动的开展也是高校向社会展现良好形象的时机，有利于提升高校的知名度和美誉度。

一般而言，高校校园环境不同于中小学校园，属于开放环境。任何人或团体在与高校沟通后均可以进入校园进行参观或召开会议等，在提高高校闲置资源利用率的同时充分发挥高校的教育作用。

例如，北京大学作为全国知名高等学府，拥有百余年的历史，每年吸引大量游客前去参观。为了便于社会公众进入校园游览，北京大学开通了多种预约方式，引导社会公众有序进入校园。

（三）有利于高校借助人力资源进行形象管理

高校拥有实力雄厚的高水平师资队伍，这些师资队伍中既有德高望重的老一辈学者，也有大量专业性学科人才。他们创作了大量学术性成果或文学、艺术作品，大量自然科学、社会科学、工程技术等方面的教材、学术性著作，以及工程和产品设计图纸、计算机软件等。

此外，高校中的教师不仅是教育者，还是某行业或领域的专家，在进行学术研究中掌握着大量社会信息。这些信息资源与高校教师创作出的各种学术或文学、艺术类成果，共同构成了高校的成果作品资产，属于高校珍贵的无形资产之一。高校的这些无形资产在流传的过程中，往往以各种方式印刻着高校的印记，从而为高校形象管理创造新的机遇。

以高校调研报告为例。一些高校每年针对不同行业进行深入调研活动并且发布相关的调研报告。这些调研报告中往往包含着权威的数据以及科学的分析，同时标注了行业的发展趋势，在知识经济时代备受社会各界，尤其是相应行业人士的关注，能够在行业内部形成持久的辐射力，从而为高校形象管理创造有利条件。

三、新时代高校形象管理的科技机遇

进入 21 世纪以来，随着以信息技术为主的科学技术的快速发展，社会信息传播进入新媒体时代，这一时代高校形象管理面临着新的机遇。

（一）新媒体的概念

新媒体是随着数字信息技术而发展起来的有别于传统媒体的新型媒体。新媒体是指利用数字技术，通过互联网、无线通信网等渠道，以电脑、手机和电视为终端，向用户提供音频、视频、语音数据服务、远程教育、在线游戏等集成信息和娱乐服务的一种传播形式。[①]

新媒体是相对“旧”媒体，即传统媒体而言的一种称谓，新媒体具有较强的时代特性。从历史维度看，新媒体是一个不断发展的概念。新媒体的“新”主要体现在两个方面。

首先，新媒体的“新”体现在新技术方面。新媒体是以网络技术、数字技术和移动通信技术为依托发展起来的。随着科学技术突飞猛进的发展，网络技术已从 Web 1.0 技术正在进入 Web 4.0 技术时代。

其次，新媒体的“新”体现在形式方面。网络技术的发展为新媒体形式的改变奠定了重要基础。新媒体的传播形式依托于新技术，可以实现在线传播，无论传播范围、传播时效、传播信息量均颠覆了传统媒体形式。

（二）新媒体的分类

根据传播方式的不同，新媒体可以划分为网络新媒体、手机新媒体和数字电视新媒体（见图 3-2）。

① 黄志华．形象思维的延展——全媒体时代广告创意探蠡[M].成都：电子科技大学出版社，2018：181.

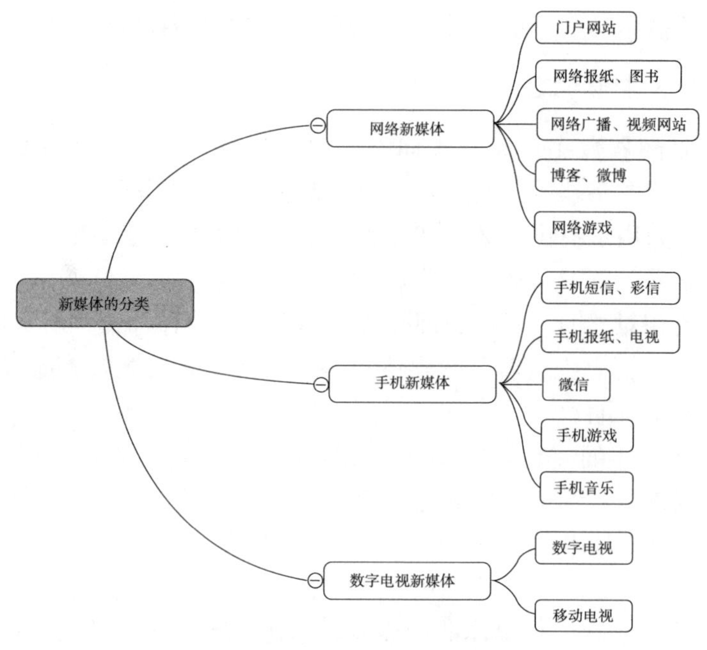

图 3-2　新媒体分类示意图

1. 网络新媒体

网络新媒体是指建立在网络基础之上的新媒体形式，主要包括搜索引擎、各类门户网站、网络报纸、网络图书、博客、播客、网络广播、视频网站、网络游戏等。网络新媒体又被称为与报纸、广播、电视并列的“第四媒体”。

网络新媒体与其他传统媒体相比，具有传播范围广、回溯性强、信息数据庞大、开放性强、操作简单、省时省力、互动性强，以较低的成本取得较高传播效率，以及综合性和感观性强的特点。

2. 手机新媒体

手机新媒体是继网络新媒体之后出现的新媒体形式，是在互联网信息技术和移动通信技术融合的基础上发展起来的。手机新媒体还是一种将手机作为信息接收终端的新媒体形式。手机新媒体包括短信、彩信、手机报纸以及手机电视、微信、手机游戏、手机音乐等多种形态。手机新媒体的显著特征为数字化，具有携带和使用方便的优势。

3. 数字电视新媒体

数字电视媒体即借助数字技术进行录制、传播、接收节目的新媒体形式，主要包括数字电视、移动电视等。

新媒体的各种形式中，以门户网站、博客、微博、微信、QQ 等形式的影响最为显著。

（三）新媒体的特点

新媒体与传统大众媒体相比，具有以下传播特点（见图 3-3 ）。

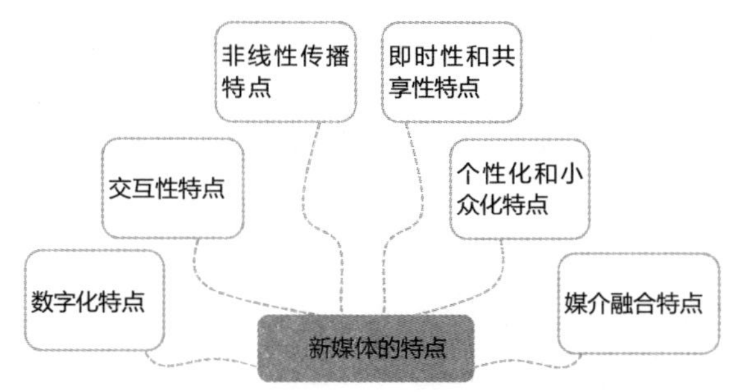

图 3-3　新媒体的特点示意图

1. 新媒体的数字化特点

数字化特点是新媒体最为显著的特点。新媒体是随着数字技术的发展而逐渐兴起的。新媒体的数字化特点主要表现在以下几个方面。

其一，新媒体传播方式和接收终端的多样化和综合化。传统大众媒体传播是一种单一的传播媒介。例如，电视传播是一种以电视节目为媒介的传播方式；报纸传播是一种以报纸为媒介的传播方式。新媒体的传播则呈现出多样化和综合化的特点，既可以是一种单一的传播媒介，也可以兼容电视、电影、广播、报纸、杂志等传播形式。

新媒体接收信息的终端既可以是电脑，也可以是手机、平板电脑等，接收终端呈现出多样化的倾向。

其二，实现了同一内容的多媒介传播。数字技术融合了传统媒介的表达形式，还打破了媒介之间的壁垒，使同一信息实现了多介质传播。同一信息可以在报纸、杂志、广播、电视、互联网、手机、移动电视等多种媒介上进行传播。

其三，推动了传统信息生产和处理方式的转变。新媒体借助数字技术实现了传统信息生产和处理方式从模拟流程向数字流程转变的过程。无论是信息生产方式，还是信息传播、信息存储形式均较之传统媒体发生了颠覆式的变化。

2. 新媒体的交互性特点

交互性是新媒体的重要特点之一，也是新媒体的本质特点。新媒体传播打破了传统媒体点对面的单向线性传播方式，采用交互传播方式实现了点对面、点对点和面对面的传播，体现了“处处是边缘，无处是中心”的传播特点。

传统大众媒体传播是由专门的机构在特定的地点和空间进行的传播活动，均有明显的传播中心。例如，电视媒介的传播中心为电视台，广播媒介的传播中心为广播电台，报纸和期刊、书籍等媒介的传播中心则是报社、杂志社、出版社。

新媒体传播的结构是四通八达、没有边界、没有中心的分散式结构，每一位用户都是互联网传播结构中的信息制造者、传播者以及信息接收者。在新媒体信息传播中，没有天然的权威，每位用户无论其种族、职业、年龄、权势如何，都是平等的主体。除了传统的大众媒体可以在网络上发布和传播信息外，每一位网络用户均可在网络上发布和传播信息。这种方式使得网络信息传播中，人人都是一个自媒体，因此新媒体呈现出无中心传播的特点。

3. 新媒体的非线性传播特点

传统媒体传播形式是一种线性传播，也是一种自上而下的传播。传统信息的传播方式是传播者—信息内容—媒体—受众—效果，这种传播带有明显的单向流动性特点。在这种传播方式中，传统大众媒体占据了绝对主导地位，受众则是信息的接收者。例如，报纸作为一种信息传播媒介，其信息直接传播至订阅报纸的人群；而新媒体的传播形式则是一种线性传播，强调受众的自主选择与反馈。

新媒体传播则打破了这一线性传播，实现了双向互动，甚至多向互动传播。新媒体传播与传统媒体自上而下的传播不同，它是一种自下而上的传播，其传播方式由传统大众媒体的单向流动向点对点的双向互动传播方式转变。新媒体传播中的信息受众同时也是信息的提供者与发布者，新媒体用户在浏览信息时，可以通过转发、评论、关注等多种方式与信息的发布者进行交流与互动，行使选择权、意见权以及参与权。除了双向互动之外，新媒体传播还可以实现多向互动传播。

4. 新媒体的即时性和共享性特点

传统媒体传播具有固定的出版周期和播出时间，对版面和时长均有着严格的要求和规定，且传统媒体的传播受时空限制较大；而新媒体则打破了传统媒体传播的时空限制，呈现出即时性和共享性的特点。

新媒体传播依托网络技术，其信息传播速度以秒计算，可以在瞬间传播至世界各个角落，实现即时发布信息和接收信息的效果。对信息发布者而言，新媒体的即时性可以实现随时更新和发布信息，以及24小时不间断发布信息，以便受众在第一时间了解信息。而受众在接收信息后，还可以随时随地进行信息评论和信息共享。

5. 新媒体的个性化服务和小众化传播特点

传统媒体属于大众传播范畴，其受众具有大众性特点。传统媒体所传播的信息大同小异，大众可以选择阅读哪份报纸，观看哪个频道的新闻，然而却对信息内容没有干预权和选择权。

而新媒体除了面向大众传播信息之外，还能够为受众提供个性化服务，从而在大众传播之外实现小众化传播。新媒体可以为受众提供个性化服务。例如，微信用户可以自主选择微信头像、背景，以及对交流互动对象进行分组；还可以自主选择与谁进行交流，以及屏蔽谁的信息。又如，微博用户可以自主对主页进行装饰，从页面排版、好友管理到图片视频的分享等均体现出较强的自主性。

除此之外，新媒体信息传播中，用户还可以自主决定接收信息的种类、时间以及是否对信息进行评论和分享等。

借助互联网检索引擎技术，新媒体用户可以根据不同的兴趣、爱好、职业等形成一个个不同的小圈子，例如，微信群、QQ群、BBS论坛等。这些小圈子中发布的信息通常具有小众性，从而体现出新媒体小众化传播的特点。

6. 新媒体的媒介融合特点

新媒体传播是一种对各种传统媒体传播形式的融合，它不断地丰富着现代化信息传播方式和表达方式，推动着媒介融合的发展。

新媒体兼容了文字、图片、声音、动画、影像等多种传播信息，并且能够实现各类信息的不同组合。通过不同的组合方式进行信息表述，信息保存，信息发送。因此，从这一视角来看，新媒体可以结合不同传统大众媒体的优点。除此之外，传统媒体借助新技术也可以蜕变为新媒体。例如，传统电视节目借助数字电视技术，可以朝着数字互动电视转变。观众在观看电视节目的同时，也可以实现自主搜索，从而摆脱传统电视传播的线性传播形式，朝着新媒体传播方向发展。

从新媒体的概念、分类与特点来看，新媒体时代颠覆了传统媒体时代的传播方式，改变了传统大众媒体时代媒体与公众的关系，媒体不再是唯一的信息发布和传播者，公众随时随地可以借助新媒体传播方式发布各种信息。新媒体时代为高校形象的建立、传播和维护提供了更多机遇。

（四）新媒体时代高校形象管理的新机遇

新媒体时代，高校形象管理的新机遇主要体现在以下两个方面。

1. 高校形象管理手段更加多样化

新媒体时代，高校除了借助大众传播媒介进行高校形象传播之外，还可以借助门户网站、高校论坛、高校官方博客和微博、高校官方微信、高校官方视频号等多种新媒体方式进行高校形象管理，极大地拓展了高校形象管理平台，便于高校将各个面展现给社会大众，使高校形象更加多元化和立体化。

新媒体时代之前，高校的传播平台和传播方式较为单一。而在新媒体时代，高校借助多样化的新媒体传播方式，极大地拓展了形象建设、传播和维护平台。

例如，在高校招生季，高校不仅可以借助传统的招生广告进行宣传，还可以借助新媒体进行文字、图片、视频宣传，以便于更加立体、全面地展示高校鲜明生动而富于个性的形象。除此之外，在毕业季，高校还可以借助多样化的创意性方式向公众展现高校的形象。

2. 高校形象管理的自主性更强

新媒体时代，高校借助多样化的新媒体平台可以更加自主地管理高校形象。在高校形象建设阶段，高校可以通过新媒体平台有意识地向社会大众传播真实的高校实力，引导社会公众将对高校的期待落实到合理的区域，避免社会公众由于对高校期望与现实差距较远而引发的社会公众对高校形象的误解。

在高校形象传播方面，高校可以自主使用新媒体平台，自行安排高校形象传播方式和传播频率，以便合理控制高校信息输出的内容和方式，提升高校形象管理效率。

在高校形象维护方面，当出现不利于高校形象的事件时，高校可以借助官方新媒体及时发布消息，引导舆论，及时修复高校形象。

第三节　新时代高校形象管理面临的挑战

新时代高校形象管理面临着新的机遇，然而，伴随着新媒体时代的到来，高校形象管理还面临着一系列新的挑战。本节主要对新媒体时代高校形象管理面临的挑战进行分析。

一、新媒体时代高校自身条件匮乏为高校形象管理带来的挑战

进入新时代之后，受国家政策和社会发展的影响，高校之间的竞争越来越激烈。无论是地方高校还是全国知名高校均面临着前所未有的竞争与挑战。根据教育部公布的数据显示，截至 2021 年 9 月 30 日，全国高等学校共计 3012 所，其中，普通高等学校 2756 所（本科 1270 所、专科 1486 所），成人高等学校 256 所。该数据中未包含中国台湾省、中国香港特别行政区和中国澳门特别行政区高等学校。

而随着社会的发展，许多新的高校正在筹划之中。普通高校只有不断提升教学质量、提升高校形象，才能从数千所高校中脱颖而出。

新媒体时代的到来为高校形象管理提供了新的平台。各大高校纷纷利用新媒体平台向社会公众展现高校的形象。如果高校在新媒体时代保持沉默，那么要么被社会公众所遗忘，要么会引发社会公众对高校教学能力和科研能力的质疑。无论哪一种情况，都不利于高校形象管理。

新媒体时代，如果高校因自身条件匮乏，无法利用新媒体进行高校形象管理，那么高校将面临着更加严峻的挑战。

新媒体时代，高校自身条件匮乏主要体现在以下几个方面。

（一）高校定位不清晰

高校定位是否清晰是关系到高校能否进行可持续发展，以及高校形象管理的重要因素。如果高校定位不清晰，无法确定长远发展方向，将会对高校的学科建设和科学研究产生不良影响，从而导致高校难以建设具有特色的专业，难以培养出适应经济社会发展的应用型人才。

以民办高校为例。由于民办高校在政策扶持、资金投入、教育资源等方面与公办高校存在较大差距，因此，许多民办高校在发展中疲于应对眼前的困境，少有精力考虑长远发展。由于缺乏清晰的定位，民办高校在利用新媒体进行传播时，往往无法形成系统的传播体系，导致高校形象不清晰，从而使高校形象管理面临着较大挑战。

（二）师生对高校认同度较低

师生是高校的重要人力资源，也是高校的宣传主体之一。一些高校在发展中不注重提高教师待遇和教师培养，导致教师待遇相对较低，校内晋升机制不健全，职业发展前景不明，进而导致教师对高校的认同度较低，流动性较

大。高校的师资队伍建设直接关系着高校教学质量的高低。如果高校的师资队伍建设不够健全，师资结构与应用型人才培养模式不匹配，则会影响学生对所在高校的印象，导致学生对高校的认同感较低。

高校师生作为高校形象塑造、传播和维护的主体，当其对高校的认同度较低时，则会给予高校不良评价，这些不良评价通过各种方式传播至社会后，将会给高校的形象管理带来较大的负面影响，从而使高校形象管理面临着较大挑战。

（三）对外宣传不力

新媒体时代，人人都是媒体。在互联网的虚拟世界中，人们打破沉默，积极参与各种话题，针对感兴趣的话题畅所欲言。大学生群体正处于世界观和人生观的形成时期，具有喜爱新鲜事物、敢于且乐于表达，冲动性强，富有正义感的特点。

如果高校不能在新媒体时代树立正确的宣传观，积极进行多样化的对外宣传工作，则无法在新媒体时代获得大学生或潜在大学生群体的关注，从而影响高校在社会公众，尤其是大学生心中的形象，使高校的形象管理面临较大挑战。

（四）突发新闻危机管理机制不健全

新媒体时代打破了传统大众信息传播时代的传播方式，只要拥有一台网络设备终端和一根网线，每个人均可以借助各种新媒体平台发布信息。而人们发布的信息往往涉及各个方面，信息视角千变万化，生活中的所有事物均处于新媒体信息的包围之中。

高校作为社会高等教育场所，是国家的主要教育资源。长久以来，高校在社会上成为学术、尖端、高素质的代名词。因此，高校也成为关注的焦点。而在新媒体时代，各种信息无孔不入，社会如同处于巨大的探照灯下，高校也不例外。

高校管理中难免出现各种各样的问题，而当这些问题通过各种方式暴露到互联网信息平台上时，则会形成高校的危机事件，引发人们的大量关注，并形成舆论。如果高校的新闻危机管理机制不健全，缺乏应对危机事件的正确方法，则会使高校的形象管理面临挑战。

二、新媒体时代复杂舆情为高校形象管理带来的挑战

新媒体时代的舆情极其复杂，从而为高校形象管理带来较大挑战。

（一）新媒体信息环境中大量虚假信息的存在给高校形象管理带来的挑战

新媒体信息传播与大众媒体传播不同，不设有传播媒体的“把关人”机制，导致新媒体中易出现虚假信息。传统大众媒体所传播的信息均经过把关人的过滤与编辑，以确保信息的真实性、价值性。

新媒体信息传播主体多样，具有开放性特点，在信息传播中往往不设有把关人。有的新媒体信息传播平台，由平台担任把关人的角色，仅对敏感词汇进行审查，往往不对信息的真实性进行核实。

新媒体信息传播以互联网技术作为依托，具有虚拟性、大众参与性、匿名性的特点。任何用户均可以注册账号，隐藏自己的真实身份信息，使用网络虚拟名称在网络上发布信息。网络的虚拟性和匿名性特点导致网络中的信息真假混杂，良莠不齐。公众很难准确辨别信息的真伪，存在被误导的可能。

尽管虚假信息本身没有较强的说服力，也易被澄清，然而一旦虚假信息传播开来，将会对高校形象造成不可挽回的损失。

（二）新媒体信息传播中的非理性情绪给高校形象管理带来的挑战

新媒体时代，信息传播主体呈现出鲜明的多样性和多元化的特点，各个年龄阶段、学历层次、各行各业的从业者均可以借助新媒体平台发布信息。人们不仅发布信息，而且对信息进行评价和传播。然而，在网络信息传播过程中，一旦个体处于群体中时，易被群体情绪所左右而产生非理性情绪。这种非理性情绪往往会给高校形象管理带来巨大挑战。

三、新媒体时代高校师生媒介素养为高校形象管理带来的挑战

媒介素养是指人们对于各种媒体中种种信息的选择、质疑、理解、评估、创造和生产能力以及批判能力。它不仅包含人们对各类信息的解读能力，如听、说、读、写能力以及反思性地解读，还包括网络和广告媒介在内的各类媒介信息的能力。①

① 马国燕．社会化媒体背景下的高校形象管理研究 [D].武汉：武汉理工大学，2015：29.

新媒体时代对高校师生的媒介素养提出了新的要求，即高校师生应当具备利用计算机、电视、照相机、录音器、摄像机等众多的媒介技术来生产和传播信息的能力，以及快速反应的能力。

新媒体时代的传播环境极其复杂，当产生网络危机事件时，如果高校师生，尤其是高校管理人员的媒介素养不高，不能及时、有效地判断事件走向，不能对事件进行有效处理，也不能在网络上及时恰当地进行回应，那么将会使事件朝着不可预知的方向发展，从而对高校形象管理产生不良影响。

本节主要以“2009 年某高校辞退病危老教授事件”和“2010 年某高校书记车轧妇女记者事件”为例，对新时代高校师生媒介素养对高校形象管理的影响进行分析（见表 3–6）。

表3–6　高校师生媒介素养在高校突发事件中作用对比

	某高校辞退病危老教授事件	某高校领导车轧女记者事件
起源	2009 年 11 月 16 日，一篇名为《某高校对待功勋教授果真寡情薄义》的帖子被发布到某网站。其中指出 2007 年，某高校教师张在元由于健康问题住院，2009 年 4 月，某高校代表在其病榻前宣布终止其与高校的聘用合同，并停止提供医疗费和住房	2010 年 4 月 2 日一则《抗美援朝老兵维权遭拒 高校纪委书记车轧记者》的新闻引发了公众关注 该新闻以图文形式报道了记者在某高校采访期间被该校某书记一群人蛮横辱骂，并且威胁记者，嚣张地开车轧伤女记者右脚
经过	该帖一经发布即引发了网络的轩然大波，引发了网络用户的极大关注 然而，由于该事件背后的原因较为复杂，某高校由于自身行为合法，忽略了家属和网络用户的诉求，未能及时对网传信息进行准确评估，而是被动回应	该新闻发布后，立即引发了该校相关人员的重视，并召开紧急会议，对该事件进行了处置，这反映出高校管理人员良好的媒介素养
结果	经社会大众媒体推波助澜，导致该事件在网络上传播许久，对某高校的形象造成了一定不良影响	该事件得以快速平息，相关高校由于在该事件中的快速反应而获得了社会公众的赞赏，有力地维护了高校形象

四、新媒体时代信息传播特点为高校形象管理带来的挑战

新媒体时代信息传播碎片化、传播速度快、海量传播、不可控的传播特点，为高校形象管理带来较大挑战。

（一）新媒体信息传播特点

1. 碎片化

新媒体信息传播具有碎片化的特点。新媒体大多在手机、电脑和平板电脑等终端使用，新媒体信息传播通常对字符数量进行限制，或倡导使用文字、图片、视频等综合性表达方式进行传播。

以微博为例。微博一般要求文字字符数量不得超过 140 字，在使用文字传播信息的同时，也可以使用图片、音频、视频等方式传播信息，而图片、音频、视频的数量也存在一定限制。

2. 传播速度快

新媒体传播以互联网信息技术作为依托，能够实现即时性传播，传播速度较快。例如，微信新媒体，一般在手机终端使用，从技术层面上来说，微信几乎不受任何时间、地域的限制，手机随时随地进行信息传播与接收。

3. 海量传播

新媒体传播具有海量传播的特点。新媒体信息可以实现跨终端发布和接收信息，能够实现同一信息的多媒介传播，且新媒体传播的结构呈现出四通八达的特点。

此外，新媒体传播朝着大众化和小众化兼顾的方向发展，媒体不再是新媒体时代唯一的信息发布和传播者，公众也不再是单纯的信息接收者。在新媒体时代，公众除了接收信息之外，还可以进行信息分享，承担起信息传播的角色；公众还可以对信息进行评论，并且可以发布新的信息。

以微博为例。微博既具有个人中心特点，又可以通过评论的方式让外界信息进入，形成持续刺激，从而实现信息在短时间内海量传播的目的。

（二）新媒体信息传播特点为高校形象维护带来较大挑战

1. 新媒体信息传播的碎片化导致高校不利的信息可能会被掩盖

新媒体时代信息数量十分巨大，每天有海量信息在网络上传播。由于新媒体信息传播具有碎片化的特点，旧的信息可能会被无数新信息掩盖。因此，当新媒体上出现对高校不利的信息时，高校信息监察系统可能存在漏识的情况，导致高校不能发现相关问题，从而无法识别该信息可能会对高校造成的不利影响。

2. 新媒体信息传播速度快和海量传播易导致高校无法对不利的信息及时做出反应

新媒体信息传播过程中一旦引爆舆情，则可能会在高校还未反应过来时造成信息在短时间内大规模传播开来，从而引发网络舆论，对高校形象管理带来较大挑战。

综上所述，新时代，新媒体的发展以及其影响力的持续增加，对高校形象塑造、传播和维护提出了一系列挑战。高校只有克服挑战，才能更好地进行高校形象管理。

第四章　新时代高校形象建设研究

第一节　新时代高校形象建设内涵

高校形象是高校整体情况的外在显示，是对高校科研、教学等具体行为的归纳和显现，也是对学校内部的管理、运行等相对抽象行为的具体化。

一、高校形象建设的构成

高校形象从不同视角分析，可以划分为不同内容。

（一）从高校自身角度分析

从高校自身分析，高校形象的构成要素大体可以划分为内在因素和外显因素两种类型。其中，高校形象的内在因素包括办学理念、学校精神、学生素质、校风、学风等；外显因素则由校园环境、校园建筑、社会活动构成（见图4–1）。

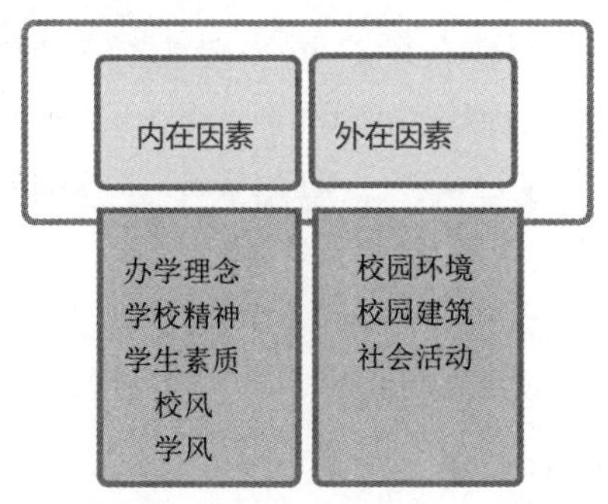

图 4–1　高校自身形象构成

（二）从公众评价角度分析

从公众评价角度分析，高校形象主要包括知名度和美誉度两个方面。其中，高校知名度指高校被社会公众所熟悉和了解的程度，高校的知名度高则说明高校受到社会公众的关注程度高。高校的美誉度与知名度相比，更侧重质的指标，是公众对高校形象的认可、赞许程度。

高校的知名度与美誉度之间存在一定的联系，然而，知名度较高的高校，其美誉度不一定高；而一所高校的美誉度越高则表明其受到外界的评价越高。

尤其是近年来，随着互联网信息传播技术的快速发展，高校知名度和美誉度之间的分离趋势越来越鲜明。

具体而言，根据高校知名度和美誉度之间的关系，从公众评价角度分析，高校大体可以划分为三种类型，即知名度和美誉度兼备的高校；知名度较高，美誉度相对较低的高校；知名度不高，美誉度较高的高校（见图 4–2）。

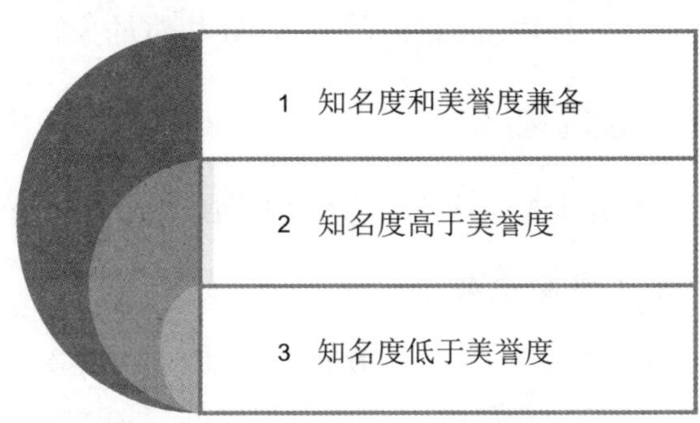

图 4–2 高校类型划分示意图

其中，知名度和美誉度兼备的高校一般为综合形象较好的学校，其在教学质量、科研实力、声誉管理等方面均较为突出。例如，我国的清华大学、北京大学、中国人民大学、复旦大学、厦门大学等；国外的高校诸如哈佛大学、剑桥大学、牛津大学等。

知名度高于美誉度的高校，一般指知名度虽然较高，然而教学质量和科研能力并不突出的高校。这类高校需要通过树立高校的良好形象来提高美誉度，改变公众对高校的固有印象。一般而言，这类高校在历史上大多受负面信息的影响，给公众留下了不良印象。其当务之急是在修复高校形象的同时，加强高校内功建设，重塑高校良好形象。

美誉度高于知名度的高校大多为内功建设较好，但不注重高校形象传播的高校，这一类高校应进一步加强高校形象传播，提升高校教职员工和学生的媒介素养。

（三）从高校形象评价视角分析

高校形象是一个内涵丰富的概念集合，从高校形象评价的视角分析，高校形象又可细分为硬件形象、学术形象、人文形象、组织管理形象、视觉形象、媒介形象等多种类型（见表 4–1）。

表4-1　高校形象评价视角分类一览表

序号	类型	评价角度
1	硬件形象	公众对高校教学类、生活类，硬件设施的评价 可细分为高校规模、高校配套设施、高校后勤服务等
2	学术形象	公众对高校学术情况的总体评价 可细分为高校教学科研成果、高校学术活动、高校学生学习风气、高校学术学报刊物、高校师生发表的学术论文和专著、学术设计等
3	人文形象	公众对高校人文精神和人文环境的总体评价 可细分为高校的文化氛围、高校道德风尚、高校教职工形象、高校学生形象等
4	组织管理形象	公众对高校内部组织管理的总体评价 可细分为高校组织管理结构、高校人事组织结构等
5	视觉形象	公众对高校视觉宣传的总体评价 可细分为高校景观建筑、高校环境、高校视觉识别系统、高校广告等
6	媒介形象	社会媒体对高校的宣传和评价 可细分为大学整体形象、领导形象、学生形象、学术形象等

综上所述，高校形象并不是一个特指性概念，而是一个内涵十分丰富的集合性概念。从不同角度划分，高校的形象构成也不尽相同。高校形象是高校各方面表现和特征为社会公众留下的总体印象，也是社会公众对高校的总体性评价。

二、高校形象建设的特点

高校是为社会公众提供教育和知识的场所，属于非营利性社会组织，高校形象具有以下特点。

（一）开放自由的学术殿堂

高校是培养社会高素质人才的基地，也是开展科学研究活动的场所。与社会其他组织相比，高校呈现出鲜明的学术性特点。

高校以教学和科研为主要活动，这就构成了高校内部独特的学术生态环境。高校的学术生态环境是高校区别于其他社会组织的重要特点，也是高校生存和发展的基础。高校职能的实现和发展均需依赖于学术环境，否则高校的职能无法实现，高校发展也就无从谈起。高校学术环境对高校的学术发展起着极其重要的影响作用。高校学术环境直接影响着高校师生的学术素养以及高校学术研究和学术成果的实现。

一所高校的学术环境越浓郁，该校的学术风气就越浓郁，也就越能够激发高校师生进行科学研究实践、创新科研成果的积极性，从而提升高校整体形象；相反，如果一所高校的学术环境相对较差，则该校师生进行科学研究实践的积极性就相对较差，易导致该校学风散漫，从而不利于高校形象建设。

高校是一个从事思想传承和传播的特殊场所，其不同于一般科研机构或科研企业，高校的形象具有开放性和自由性的特点。

高校形象的开放性和自由性是由高校职能、高校教学特点和学生特点决定的。

1. 高校职能决定高校的开放性与自由性

高校最主要、最基本的职能是培养适应社会现实和未来发展的人才。高校不仅注重培养应用型人才，更注重培养创新性人才。而培养创新性人才应当为学生创造自由、开放、宽松的教学环境和学术氛围，通过启发式教学启迪学生的思维，引导学生全面发展，培养其探索、创造和创新能力，以使其适应未来社会的变化和发展。

2. 高校教学特点决定高校的开放性与自由性

无论是综合性高校还是专科型高校，均设置了大量学科，这些学科涉及各种学术思想。除此之外，高校图书馆中收藏了大量书籍。这些书籍中所包含的思想极其丰富，体现了高校学术思想的开放性和自由性。

3. 高校教学对象决定高校的开放性与自由性

高校的对象以 18 ～ 22 岁的青年为主。这一阶段的青年的价值观和人生观正处于形成过程中，其思想活跃、好奇心和探索欲望强，敢于和乐于尝试新鲜事物。高校开放、自由的学术氛围能够激发青年学子的积极性和主动性，使其达到最优学习效果。

纵观世界上人才辈出的高校，均以开放自由的学术形象而闻名于世。

以哈佛大学为例。哈佛大学是一所私立研究型大学，也是美国本土历史最悠久的高等学府，始建于 1636 年，由十所学院和一个高等研究所构成，在文学、医学、法学、商学等多个领域拥有崇高的学术地位及广泛的影响力，被公认为是当今世界顶尖的高等教育及研究机构之一。迄今为止，哈佛大学已培养了 8 位美国总统和 100 多位诺贝尔奖得主。

哈佛大学的核心办学理念之一是学术自由理念，这一办学理念是促使哈佛大学得以从众多世界高校中脱颖而出并且一直保持领先地位的关键之一。

为了践行学术自由的理念，哈佛教师并没有规定每门课程的统一教学大纲，高校教师拥有教材选用、授课内容、授课方式的选择权。这使得高校教师在授课过程中十分重视科技发展动态和行业新思想、新成果和新动态的关注；有的教师还将一些尚未成熟的研究成果以及存在争议的学术观点作为教学内容。这种自由、宽松的学术氛围极大地提升了哈佛学生在各个领域的创新和发展。

又以剑桥大学为例。剑桥大学作为世界上杰出的高校之一,一贯奉行学术自由的教育理念，并体现在剑桥大学教学实践的方方面面。从剑桥大学的课程和专业设置上来看，剑桥大学注重学术性的专业与课程，关注教育目的的内在性，追求知识本身的价值，反对外在的教育功利主义。从剑桥大学的教学目的来看，剑桥大学注重培养学生的理性思维，重视学生的创造性能力的培养。凭借着学术自由的教育理念，剑桥大学先后培养出了大量为人类社会进步作出了杰出贡献的人才。

（二）文明高雅的校园环境

高校校园环境既是一个城市环境的缩影，也是城市环境的精华所在。高校校园环境既能够满足高校师生的学习和生活需要，又能够满足高校师生的审美需求和精神需求，具有独特的美学个性和艺术规律，往往给外界以文明高雅的印象。

高校的校园环境大体可以划分为硬件环境和软件环境两部分。其中，硬件环境包括高校的建筑、雕塑、园林等。高校校园的硬件环境各具特色，反映了高校的教育理念和高校所在地域的文化特色，还体现出强烈的人文内涵，具有技术性、艺术性、实用性和审美性相统一的特点。

高校校园软件环境通常指高校的教风和学风，呈现出较强的文明、和谐的特点和强烈的人文特质。

以我国苏州大学为例。苏州大学最早的前身是东吴大学，成立于 1900 年。因此，苏州大学早期的建筑是以维多利亚时期的英国风格建造的，具有比例感和纯粹的形式特征。美丽的欧式建筑与花园和拱桥流水的亭台楼阁相互响应，极其优美。校园内绿树成荫，红砖绿瓦，环境优美清新，被誉为中国最美的大学之一。

除了中西合璧、独具特色的硬件环境之外，苏州大学还拥有100多年的历史，以“养天地正气，法古今完人”为校训，坚守学术至上、学以致用，倡导自由开放、包容并蓄、追求卓越，坚持博学笃行、止于至善的精神，致力于培育兼具“自由之精神、卓越之能力、独立之人格、社会之责任”的模范公民，形成了独具特色的人文环境。

（三）多元活跃的思想高地

大学作为培养未来人才的重要场所，自诞生以来就是人类智慧和知识产生、汇集与传播的重要场所，尤其是先进科技和先进知识传承和传播的场所。除此之外，高校还汇聚了大量科研人才和各行各业的专家学者。不同国家和地区的高校常进行校际之间、跨地区甚至跨文化的学术研讨、学术访问、学术交流等活动，以推动专业化信息和知识的传播。因此，高校常给人以多元活跃的思想高地的印象。

自20世纪中后期以来，随着信息技术的快速发展和知识经济到来，知识和人才成为社会经济发展的重要动力。而伴随着信息技术的应用范围越来越广泛和深入，高校与社会之间的纽带更加密切，成为向社会输送新知、创造价值的重要场所。

第二节　新时代高校形象建设的意义

新时代高校形象建设能够提升高校的知名度、信任度和美誉度，直接关系着高校的生存与发展，在高校应对新时代挑战中具有极其重要的价值。本节主要对新时代高校形象建设的原理和意义进行详细分析。

一、新时代高校形象建设原理

高校形象建设涉及高校工作的方方面面，而高校形象之所以能够被建设，在于高校形象能够借助一系列的识别来进行推广和传播。高校的整体形象可以通过认知、识别而引导他人感知，其中最重要的识别来自视觉识别。

按照CIS理论，高校形象设计涉及理念识别、行为识别以及视觉识别三个层面。其中，理念识别和行为识别大多需要通过漫长的时间，在潜移默化中体现出来；而视觉识别则具有直观性、快速传播性的特点。

（一）视觉与知觉

视觉可以划分为视觉感觉和视觉知觉两种类型。其中，视觉感觉是指人类通过眼睛可以感觉外在世界的颜色，辨别明暗，即眼这一感受器官所产生的表示身体内外经验的神经冲动的过程。

视觉知觉是大脑在视觉感觉基础上进行的进一步高级处理，使人能组织得到的视觉信息并辨认周围世界。视觉知觉以感觉为基础，然而却高于感觉，又可细分为图形知觉、图形识别、空间知觉等类型。

无论视觉还是知觉均是人类进行形象感知的基础，通过视觉的感觉和知觉，人们可以更加具体形象地接受和理解高校的外在形象与内在品质，并留下深刻的印象。

以高校的校园环境为例。高校的校园环境是教职工进行教学活动和学生进行学习与生活必不可缺的环境，能够在潜移默化中影响高校师生的人生观和价值观。除此之外，高校校园环境还是高校形象的构成要素之一，人们通过对高校硬件环境和人文环境的视觉观察和知觉体验即可从中感受高校的校风和学风。

高校硬件环境构成中的高校建筑是高校校园环境的重要构成要素，而建筑本身是一种文化符号，其中蕴含着独特而深刻的文化内涵。高校独特的建筑往往能够凸显高校的独特形象，成为高校独特的视觉标志。

例如，耶鲁大学作为国际一流高校，校园中的图书馆、建筑大楼等建筑多为哥特式风格的建筑，体现了西方中世纪建筑的特色。为了彰显哥特式风格建筑的古老与浓重，耶鲁大学的哥特式建设采用了石质墙面上泼酸、有意打破玻璃、添加许多装饰性壁龛等方法还原中世纪的建筑风格，展现高校悠久的历史与文化。

除了高校硬件环境之外，高校人文环境中也常体现出独特的高校形象。例如，西方高校为了彰显独特的高校形象，定制了与高校标准色相一致的校服，并且要求学生穿校服、佩戴校徽，以此方式加强高校内部的人文环境打造。除此之外，西方高校还经常举办规模盛大的艺术节、开放日、毕业典礼等活动，在这些活动上高校通常要求各学院持带有学校或学院标志的旗帜出席，学生穿统一的毕业服或校服，佩戴校徽，以此展现高校的鲜明特色形象，从而为社会留下深刻的印象。

（二）记忆效应

高校形象并非是一朝一夕形成的，而是通过借助记忆效应，在人们脑海中留下鲜明的印象，从而被人们感知，并且在人的脑海中留下深刻印象的过程。人类获得外界信息离不开视觉与知觉，高校独特而鲜明的个性形象具有强烈的记忆性。

例如，高校的校徽和吉祥物，通常能够带来鲜明的记忆效果。纵观不同高校的校徽通常将高校校名、创办时间和高校校训组合在一起，从而形成独具特色的高校校徽，赋予高校校徽独特的历史内涵和人文内涵，使得高校校徽形成独特的记忆点，被人们所牢记。

以清华大学校徽为例。清华大学校徽的外形由三个同心圆环构成，外环上方正中以繁体字书写“清华大学”，两侧则为清华大学的英文校名，下方正中标注了清华大学的创始时间——1911 年，体现了清华大学古老的历史文化。中环内侧铭刻着清华大学的校训“自强不息，厚德载物”。这句校训出自中国传统典籍《易经》乾坤二卦的大象辞“天行健，君子以自强不息”和“地势坤，君子以厚德载物”。这两句基本上概括了《易经》的全部内涵，实际上也体现了对君子人格的基本要求。内环中间置有醒目的五角星。

从清华大学校徽来看，其既蕴含着丰富的中国传统文化，又蕴含着高校的历史文化，同时还蕴含着高校的时代精神，能够在人们的脑海中形成独特而鲜明的记忆，有利于清华大学形象的塑造。

（三）视觉的心理认知

视觉无时无刻不在接受外界复杂而多变的信息，而人类的大脑通过对外界事物的分析后对信息做出辨别与判断，这主要依靠人类的视觉心理认知。高校形象也是如此。

人类的视觉心理认知又可划分为视觉注意、视觉理解和视觉情绪三项内容。高校在新时代进行形象建设时，应遵从人类的视觉记忆特点，充分借助各方面要素塑造和建设高校形象，从而引导社会公众识别高校形象，以利于新时代高校在激烈的竞争中脱颖而出。

二、新时代高校形象建设的功能

良好的高校形象是高校的无形资产，新时代高校形象建设的作用和意义主要体现在高校形象的价值效能、整合效能和传播效能方面。

（一）新时代高校形象建设的价值效能

新时代高校形象建设的价值效能主要体现在新时代高校形象的建设是否

有利于提升高校的社会竞争力，体现高校的社会价值方面。

良好的高校形象往往以高校的办学实力和教育质量作为保障，从而有利于提升高校的知名度和美誉度。

新时代，随着我国市场经济的进一步深化，我国“双一流”工程的实施以及知识经济时代的发展，在国内和国际环境的影响下，高校面临着越来越激烈的市场选择和市场竞争。而塑造和建设良好的高校形象能够有效提升高校竞争力，引导世界更多优秀学子加入，推动高校朝着良性可持续的方向发展。

（二）新时代高校形象建设的整合效能

所谓整合，是指将一些零散的东西通过某种方式而彼此衔接，从而实现信息系统的资源共享和协同工作。整合的精髓在于将零散的要素组合在一起，并最终形成有价值、有效率的一个整体，让它们通过结合发挥最大的价值。

高校形象建设具有较强的整合效能。高校形象建设涉及高校工作的方方面面，从文化角度来看，包括高校精神文化、物质文化、制度文化和行为文化；从涉及主体来看，包括高校领导群体、教师群体、学生群体以及高校其他工作人员群体。而高校形象一旦建立，就成为了一种黏合剂，成为师生员工认同和追求的目标；并在共同认识的基础上，使学校各种资源得以通过整合产生最大价值，形成独特而强大的向心力和凝聚力；使师生员工为了达到共同的目标，传播和维护高校的良好形象而齐心协力、服从大局。由于每个学校成员对学校都有强烈的义务感、责任感和荣誉感，所以能够出色地完成各项教育、教学科研任务和学习任务。

此外，高校形象中蕴含着积极向上的价值观，能够在潜移默化中影响高校师生的世界观、人生观的形成，引导全体师生员工对各种价值标准进行分析、判断和选择，使每个成员的道德观、价值观等都与学校的共同价值观要求相统一。

（三）新时代高校形象建设的传播效能

良好的学校形象不仅具有传播推广自身的效能，还能提高学校在社会的知名度和赞誉度，增加学校的无形资产和吸引力，在高质量生源的招录、社会的理解认同等方面具有积极的意义。

高校形象是一个有形要素和无形要素的综合体。有形要素包括校名、校徽、校园建筑等；无形要素包含办学思想、精神文明等。对高校进行形象塑造就是要以办学理念为核心，把所有形象要素进行整合，形成一个统一的、个性鲜明的学校形象，并利用各种传播媒介，将其及时、准确、有效地传播出去，以获得社会公众对学校的认可。

第三节　新时代高校形象建设的原则

新时代高校形象建设应当遵循个性化、系统化、时效性、文化性，以及科技性和国际性原则。本节主要对新时代高校形象建设的原则进行详细分析。

一、高校形象建设的个性化原则

新时代，随着科学技术的快速发展，以及我国高等教育普及率的大幅提升，我国高校的总数量呈现出持续上升趋势。据有关数据统计，自 2011 年至 2021 年，我国高校总数量从 2762 所上升至 3012 所（见图 4–3）。

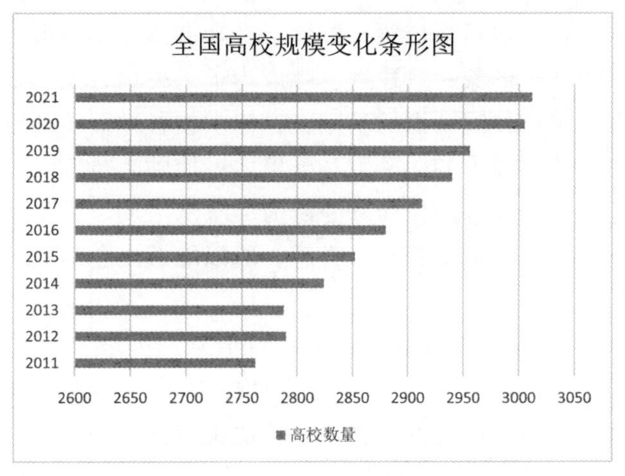

图 4–3　全国高校规模变化条形图

从图 4–3 中可以看出，自 2011 至 2021 年十余年来，我国高校的总数量从整体上来看，呈现出增长趋势。新时代，随着我国高等教育领域“双一流”政策的实施，以及知识经济时代的到来，我国高校之间的竞争将越来越激烈，而高校形象建设的重要性也体现得越来越鲜明。

为了避免千校一面，从众多高校中脱颖而出，高校形象建设应突出个性化的原则，并以此取胜。高校形象建设中坚持个性化原则，一方面有利于高校建立个性化的形象；另一方面有利于我国高校建设的多样化、人才培养模式的多元化发展。

高校形象建设的个性化原则体现在高校定位、办学理念、学科设置、校园文化、识别系统、高校形象传播与管理等方面。

以中国和外国部分名校个性化形象为例（见表 4–2、表 4–3）。

表4–2　中国部分高校个性形象因素一览表

校名	校徽	校徽标准色	校训	地标建筑物
北京大学		红色	爱国进步 民主科学	北京大学红楼
清华大学		紫色	自强不息 厚德载物	清华大学二校门
中国人民大学		红色	实事求是	明德楼群
复旦大学		红色	博学而笃志 切问而近思	光华楼
浙江大学		蓝色	求是创新	求是大讲堂

表4–3　外国部分名校个性化形象要素一览表

个性形象因素	哈佛大学	麻省理工学院	芝加哥大学	斯坦福大学
校徽				

续表

个性形象因素	哈佛大学	麻省理工学院	芝加哥大学	斯坦福大学
学校标志和吉祥物	哈佛青铜雕像	罗杰斯雕像	雄鹰＋洛克菲勒青铜雕像	存留一半的红杉树
校徽标准色	紫红色英语楷体	紫红色英语铭文	英语楷体	英语楷体
校训	追求真理	手脑并用	增长知识，丰富生活	愿学术自由之风劲吹
地标建筑物	纪念馆	大圆顶 / 德雷贝尔实验室	纪念馆	纪念堂 / 胡佛塔

从以上两个表格中可以看出，高校形象的差异化是高校独立性与不可替代性的象征与体现，高校的形象建设应遵循个性化和差异性。

二、高校形象建设的系统化原则

系统是指由两个以上的、有机联系的、相互作用的部分或要素所组成的，具有特定结构和功能的整体。高校形象建设既要体现“育人”功能，又要兼顾社会效益和经济效益，并且在社会效益的基础之上获得最大的经济效益。

高校形象塑造是一个系统工程，关系整个高校的方方面面，尤其是高校的定位、办学理念、方针政策等直接关系高校的学科专业建设、校园氛围、学术科研以及高校的系列行为活动和高校的形象识别。

高校形象建设的系统性原则是指在高校形象建设过程中，应当将高校形象本身作为一个系统加以考虑和建构，讲究本体效应和系列组合，将学校形象的构成要素与高校形象的公众要素、传播要素三者有机结合。具体来说，应从以下方面着手。

其一，高校形象的构成要素中的各要素之间应当具有系统性。根据 CIS 理论，高校形象建设由 MIS、BIS、VIS 三部分组成。这三部分各有侧重，在进行高校形象建设时应当秉承系统化的原则，将三部分进行有机整合。

高校办学理念是高校一切活动的基础与灵魂，是高校校风、学风、学术思想和高校校园文化的浓缩，是高校制定具体方针政策的依据，是高校形象建设的核心部分。此外，高校理念识别系统应与行为识别系统、视觉识别系统联系起来。

其二，高校形象与公众要素、传播要素有机结合。高校形象在公众中传

播必须制定一套能够直观体现高校办学理念的形象识别系统。

例如，同济大学的校训为严谨、求实、团结、创新，这一点在同济大学的校徽上也体现了出来。同济大学校徽的主体是龙舟，龙舟上三个人正在奋力划桨，象征着同济大学“同舟共济”的团结精神，同时反映了同济大学坚持严谨、求实、团结、创新的精神（见图 4–4）。

又如，大连理工大学的校训为团结、进取、求实、创新，这一校训与同济大学的校训之间存在一定的相似性。而大连理工大学的校徽主体由半圆形的“大工”两字为主体，中间是书本图形的提炼及象征生命发展的树苗，树苗下方则标有大连理工大学的创建年份（见图 4–5）。

图 4–4　同济大学校徽

图 4–5　大连理工大学校徽

除了校训与校徽之外，高校形象还体现在高校校内环境、学术研究等多个方面。

综上所述，高校形象建设的系统工程涉及的每个因素均因相互协调与统一，确保高校功能的彼此耦合，以从不同侧面反映高校的文化、组织、管理、人才、教学、科学、理念发展战略、社会责任等深层内涵。

三、高校形象建设的时效性原则

高校形象建设的时效性原则是指高校形象设计应当有一个长期运用的过程，以时间检验高校形象设计是否合理。高校形象建设的时效性原则可体现在两个方面。一方面，高校形象建设所花费的时间较长。高校形象建设是一个系统性工程，并非一朝一夕能够完成的，需要较长的时间进行设计、导入才能稍见成效。另一方面，高校形象建设还应适应高校内外部环境和时代发展，从而不断调整高校形象及呈现。本节主要对这一点进行详细阐释。

校训和校徽是高校形象的重要组成部分，常伴随着高校内外部环境的变化和时代的发展而发展，呈现出较强的时效性特点。以清华大学高校校训和校徽变迁为例。

清华大学自 1911 年“清华学堂”（Tsinghua Imperial College）创办以来，在百余年的发展史中，其校徽随着时代的变迁而不断发展。

1911 年，清华学堂初创时校徽的概念在中国还没有普及，初创的清华学堂并未设立校徽。

1912 年，清华学堂改称为清华学校。1914 年 11 月 5 日，我国近代著名政治家、思想家、学者梁启超以《君子》为题在清华学校进行演讲，其中强调“自强不息，厚德载物”八个字。因其所体现的民族奋斗精神而为清华学子铭记于心，并通过他们的实践逐渐被衍化为清华文化的精髓。

1916 年，清华学校首次将“自强不息，厚德载物”作为精神外化的标志绘于“兵操训练营”的军旗上。军旗为紫色，中间置白色圆圈，内有“自强不息，厚德载物”八个字，圈下绘枪两支，亦系白色。

1926 年 11 月 25 日，清华大学设计了圆形、斜十字的校徽，这是清华大学历史上的第一款校徽，其为推动清华大学形象的塑造和清华大学的校园文化发展起着极其重要的作用。

1928 年 8 月，清华学校改称“清华大学”，之后正式定名为“国立清华大学”。

1932 年 3 月 23 日，清华大学向全校师生发布了“校徽图案征集启事”，并且制定了两款校徽。一种采用钱稻孙设计的图案，另一种采用旧校徽大意，另请艺术家绘图。

1934 年 6 月 1 日《清华周刊》刊登了清华大学校旗和校徽图案（见图 4–6）。

图 4–6　1934 年 清华大学最早确定的两款校徽

1937年，随着抗战全面爆发，清华大学南迁，于1938年4月在昆明与北大、南开合并为“国立西南联合大学”。直至1946年7月才迁回清华园继续办学。1947年，清华大学开始使用新校徽。

1949年，中华人民共和国成立后，清华大学的发展进入了新阶段。为了体现新的时代特点，清华大学进行了新的校徽设计。

1950年6月，中央人民政府主席毛泽东应清华大学师生员工的请求，为该校校徽题写校名“清华大学”，共写了六种书体，并自荐“右下草书似较好些”。同年9月4日，清华大学校务工作会议通过了一项决议，规定“工会会员和学生所佩戴之校徽分别用红底白字和白底红字，上有毛泽东主席所题‘清华大学’四字；在校内居住之眷属所佩戴之徽章用红底白字，上有毛泽东主席所题‘清华’两字”。

除此之外，自20世纪50年代至改革开放前，清华大学的校徽主要以“清华大学”四字为主。

改革开放后，我国高校的发展进入新的历史时期，清华大学为了适应时代发展，设计了新的徽章。

1981年10月15日，清华大学的英文名为Tsinghua University，其中“Tsinghua”改变了过去“Tsing Hua”的拼写。

进入21世纪后，清华大学为了适应新世纪的发展环境，对校徽进行了新的修改。

2014年7月15日核准的《清华大学章程》第六章《标示和校庆日》，第四十一条规定，（清华大学）学校校徽为三个同心圆构成的圆面，外环为中文校名（繁体）、英文校名（TSINGHUA UNIVERSITY）和建校时间，中环为校训字样，中心为五角星。徽章为题有横式校名标准字的长方形证章。

从清华大学百年来的校训和校徽来看，高校形象建设应与高校自身的内部条件以及时代环境相契合，这样才能既保持高校的个性，又呈现出鲜明的时代性特点，反映出高校与时俱进、生生不息的趋势。

四、高校形象建设的文化性原则

文化是由人类在生产和生活中创造出来的，并不是天然存在的。文化是人类特有的一种现象，是人类活动的结晶和生活的写照。对于国家和民族来说，文化是一个国家或民族发展中必不可缺的软实力；对于高校来说，文化是高校的核心竞争力，也是高校形象建设中必不可缺的元素。高校形象建设应坚持文化性原则。

高校教育活动是一种以文化为基石和媒介的实体性活动。高校形象建设中应加强文化塑造，充分体现高校对文化的传播、继承和创新功能。具体来说，高校形象建设的文化性原则可从理念形象以及视觉形象等方面体现出来。

（一）高校理念形象塑造中坚持文化性原则

高校理念形象塑造中坚持文化性原则反映在高校的精神文化、校风文化等方面的建设上。

例如，高校校训是体现高校文化底蕴和精神追求的符号，也是明确高校办学理念的重要因素。在进行高校校训设计时应体现出较强的文化特性。国内外部分高校校训一览表见表 4-4。

表4-4　国内外部分高校校训一览表

国内大学	校训	国外大学	校训
南京大学	诚朴雄伟，励学敦行	牛津大学	上帝是我们的光
南开大学	允公允能，日新月异	麻省理工学院	既学会动脑，也学会动手
武汉大学	自强 弘毅 求是 拓新	剑桥大学	此地乃启蒙之所，智识之源
厦门大学	自强不息 止于至善	布朗大学	我们信赖上帝
山东大学	气有浩然 学无止境	密歇根大学	人文、科学、真理
华东师大	求实创造 为人师表	达特茅斯学院	空谷足音
上海交大	饮水思源，爱国荣校	多伦多大学	岁月流逝，此树渐长
暨南大学	忠信笃敬	早稻田大学	学问独立，培养模范国民

（二）高校视觉形象塑造中坚持文化性原则

高校视觉形象塑造中坚持文化性原则主要表现在高校标识和校园环境建设方面。高校标识和校园环境建设中为了凸显个性，常常通过纳入地域文化、特色建筑文化等体现出来。

以高校校徽为例。高校校徽在设计上不仅可以体现出高校的教育理念，还可从高校的历史文化、地域文化出发，将具有代表性的景观或建筑反映在高校校徽上，以此体现高校独特的视觉形象。

例如，山东大学。该高校地处齐鲁大地，而齐鲁大地是儒家文化的发源地，深受儒家文化的影响；除此之外，山东地区的泰山闻名全国，自古至今

吸引了无数文人墨客前来参观，并且在历史上形成了独树一帜的泰山文化。此外，山东不仅有名山，还临海，有着漫长的海岸线。

山东大学在设计校徽时就融入了独特的山东地域特色，核心以汉字“山”“大”为设计基本元素，图案上部“山”字是中国象形文字“山”的变形，富有中国文化特色。“山”字变形具有上升态势，寓意山东大学不断发展，努力创建世界高水平大学。底部是“大”字变形，像浩瀚大海，寓意学海无涯。“山”“海”一体，使人联想到“书山有路勤为径，学海无涯苦作舟”，表现山东大学师生勤奋求知，勇攀科学高峰的精神；同时，又强调“山之魂，海之韵”的大学文化（见图 4-7）。

又如，东北大学。该高校地处东北三省之一的辽宁省沈阳市。东北三省位于我国的东北部，自然地理条件极具特色，其中以长白山、松花江和大小兴安岭最为出名，人们常以“白山黑水”形容东北三省。

东北大学的校徽中融入了东北地区特有的地域文化，校徽主体图案白山黑水，意为长白山和黑龙江，泛指中国东北地区，水的线条形为八卦中的艮卦，艮卦代表东北方位。圆形外围一圈为东北大学中文、英文 NORTHEASTERN UNIVERSITY 名称及建校年份 1923 年（见图 4-8）。

从山东大学和东北大学的校徽来看，这两所高校的校徽中虽然均纳入了山、水等自然要素，然而却与当地独特的地域文化相结合，从而形成了独具特色的两个校徽。

图 4-7　山东大学校徽

图 4-8　东北大学校徽

除了以上两所高校之外，高校形象建设的地方文化特色还表现在多所高校的校徽上。例如，中国海洋大学，其校徽上以蓝白相间波浪线表示大海，标志学校独特的文化。

又如，位于四川地区的成都理工大学，其校徽上使用了地球和恐龙、书本、地层相结合的主要标志，体现出独特的校园文化（见图 4–9）。

其中地球有两种寓意：其一寓意该校是一所以地学为优势特色，具有国际化视野的大学；其二寓意该校关注宜居地球，尊重自然、保护自然，体现构建人与自然和谐共生的地球家园的理念。

恐龙：恐龙形象来源于成都理工大学博物馆马门溪龙化石标本。它是世界上知名度最高的中国恐龙，是亚洲保存完整恐龙化石中的最大者，是该校博物馆的镇馆之宝，也是历史的象征、文化的象征，具有社会知名度和校友认同度。该恐龙造型昂首挺拔，其寓意契合该校“不甘人后、敢为人先”的精神。

书本和地层：用地层构成的书本，象征知识与智慧，体现该校在地学方面的特色，蕴含该校“穷究于理、成就于工”的校训。

1956：阿拉伯数字“1956”代表了该校的创建时期是 1956 年。

从成都理工大学的校徽释义可以看出，其校徽既体现出了中国和成都特色文化，还体现出放眼世界的全球意识和生态意识，具有较强的个性化和识别性。

再如，湖南师范大学的校徽设计中既蕴含着地域文化，又蕴含着独特的专业文化特色。

湖南师范大学创办于 1938 年，其校徽以湖南师范大学的首字母 H 和 N 进行创意简化组合来表现学校主体，具有鲜明的湖南地方特色。

H 和 N 构成一个“人”字，展现了学校以人为本、百年树人的办学理念，展示了湖南师范大学的文化底蕴和人文精神。

此外，湖南师范大学的校徽同时也是翻开的书本，表现了湖南师范大学教书育人、开卷有益的思想，具有鲜明的教育行业特征。

最后，湖南师范大学的校徽像是竖起大拇指的手，寓意湖南师范大学一流的教学、一流的环境、一流的师资，培养一流的教育人才，成果丰硕、美誉远传，令人赞叹，使人叫好。

从湖南师范大学的校徽设计可以看出，其所包含的四层意思层层递进，既体现了地方文化特色，又体现了师范院校教书育人的独特特点（见图 4–10）。

图 4-9　成都理工大学校徽

图 4-10　湖南师范大学校徽

五、科技性、国际性原则

高校形象设计的科技性和国际性原则是指高校形象设计应当体现出较强的科技性和国际性。尤其是新时代，随着我国“双一流”建设工程的实施，我国高校在建设世界一流学科和世界一流高校的同时，在高校形象建设上也应体现出较强的科技性和国际性。

例如，在高校精神上体现出较强的科技性或国际性；又如，在高校校园活动上，通过开设具有特色的，体现科技性、国际性的课程，或打造具有国际性的校园文化品牌来树立高校的科技性和国际性形象。

以高校校徽为例。我国国内高校校徽大多为圆形和平面的表现形式。其中，圆形校徽中暗合着中国“天人合一”的传统文化和团圆文化。圆文化在中国文化、哲学、生活等各个方面均有着鲜明体现。

从中国传统哲学思想方面来看，中国的儒家文化倡导外圆内方的处世之道，指出人内心端正，外表要有和顺的态度，彼此才好相处。道家倡导天人合一的精神。

从审美方式来看，中国传统审美价值观倾向于强调事物的整体性和综合性，主张在认识事物时，摒弃单一或孤立地认识事物，倡导系统而全面地认识对象，这一整体思维的特点即为天人合一，天人和谐。

从中国传统民俗文化来看，中国人喜爱大团圆的场景，在建筑、园林装饰等方面使用了大量圆形拱门或圆形窗户的设计。

综上所述，中国传统校徽的圆形中蕴藏着深刻的文化内涵。与中国传统高校校徽多为圆形和平面不同，西方高校校徽则多为盾牌形，且多用书本等元素来表现大学。例如，西方耶鲁大学、普林斯顿大学、哈佛大学、牛津大学、芝加哥大学等诸多名校的校徽多为盾牌形状（见图 4–11、图 4–12）。

图 4–11　耶鲁大学校徽

图 4–12　普林斯顿大学校徽

为了体现我国高校的国际化特色，近年来我国一些高校，如北京外国语大学、厦门大学等，在设计高校校徽时开始引进西方盾牌式校徽的样式。除此之外，一些高校，如中国民航大学、西北农林科技大学、北京理工大学等，在校徽中采用渐变色彩体现出高校校徽设计的科技感和时代性。

综上所述，高校形象设计中应坚持个性化原则、系统性原则、时效性原则、文化性原则、科技性和国际化原则，从而塑造出独具特色的高校形象。

第四节　新时代高校形象建设的创新途径

新时代高校形象建设在新时代高校发展中起着极其重要的作用，新时代高校形象建设的创新途径主要表现在以下几个方面。

一、确定差异化、个性化的高校定位

高校形象建设的首要步骤是明确高校的定位，只有明确了高校的定位，才能确立高校形象建设的目标及其他相关内容。高校定位是学校结合社会政治、经济、文化发展的需求与高校所处的教育环境，在充分考虑高校办学条件和现状的基础上来确定学校的长远发展方向、目标以及建设重点和特色。

高校定位中应坚持差异化和个性化的原则。高校作为一种社会组织，其形象具有一般社会组织的共性，同时由于办学目标、类型、层次、学科、服务、学校精神等方面的不同，高校在进行形象定位时，应不断寻找高校的特质和个性，与其他高校相比的差异优势，从而确定高校定位。具体来说，高校形

象定位可从以下几个方面着手。

（一）高校理念定位

在高校形象定位中，高校理念定位是高校形象建设的顶层设计和源头。高校理念定位是高校形象的骨架和蓝图，也是高校形象设计和塑造实践的观念指导。

如果高校的理念定位不明确，那么高校形象定位也难以确定。高校的理念定位应结合高校实际，突出个性。具体来说，可从强调高校的社会责任、强调高校真理探索和知识追求的责任，强调高校教育和学术双重使命的完美结合等方面来确定高校的理念定位。

例如，美国威斯康星大学的办学理念为大学必须为社会发展服务。在这一办学理念的指导下，威斯康星大学在进行教学和科研的同时，拓展了高校的社会服务功能，从而为高校的发展指出了明确的道路。美国威斯康星大学的这一高校办学理念又被后人称之为“威斯康星思想”。

又如，美国哈佛大学从高校教学和研究的功能出发，确定了学术自由、崇尚真理的办学理念。该校的校徽和校训中明确显示了该校以求是崇真为办学宗旨，始终明确追求教育的真正价值，并以追求更真、更优的教育作为目标，打造了鲜明的、具有特色化和个性化的高校形象。

（二）高校目标定位

高校的目标定位是指解决特定时间内高校实现的形象目标的定位。高校形象建设是基于高校现实基础的、面向未来的自我形象完善的实践过程，从现实基础到未来目标之间存在着必然的逻辑关系，而以此作为形象塑造的依据才能实现高校的形象目标。高校目标定位应当具有可行性，唯其如此，高校目标定位才具有现实意义。

（三）高校类型定位

高校的类型是高校进行定位的基础，任何高校均分属不同类型、不同层次，高校只有明确自身的类型和层次，才能明确自身的定位。

现阶段，高校办学类型定位的典型代表分类方法有四种标准，即美国卡内基高等教育机构分类法；联合国教科文组织第三级教育（高等教育）分类法；中国武书连研究员提出的分类法；以潘懋元、陈厚丰等学者为代表提出的分类方法（见表 4–5）。

表4-5　高校类型定位分类方法一览表

<table>
<tr><th>序号</th><th>分类方法</th><th colspan="2">具体内容</th></tr>
<tr><td rowspan="5">1</td><td rowspan="5">美国卡内基高等教育机构分类法</td><td>本科教育</td><td>1. 本科生学位授予层次
2. 文理学科与专业学科的学士学位授予比例
3. 本科与研究生教育共存度</td></tr>
<tr><td>研究生教育</td><td>1. 研究生学位授予层次
2. 授予学位所对应的专业领域数量
3. 授予学位的专业领域集中程度</td></tr>
<tr><td>在校生结构</td><td>1. 录取学生层次
2. 学制
3. 本科生与研究生比例</td></tr>
<tr><td>本科生概况</td><td>1. 非全日制与全日制本科生比例
2. 本科生转入率</td></tr>
<tr><td>规模与住宿</td><td>1. 在校学生人数
2. 学生住宿情况</td></tr>
<tr><td rowspan="3">2</td><td rowspan="3">联合国教科文组织第三级教育（高等教育）分类法</td><td colspan="2">相当于升学预备班</td></tr>
<tr><td colspan="2">大专、本科、硕士研究生教育，又或划分为理论型，以及实用型、职业型、技术型；其中，理论型又可细分为按照学科分设专业，为研究做准备和按照行业分设专业，培养高科技专门人才两种类型</td></tr>
<tr><td colspan="2">博士研究生教育</td></tr>
<tr><td rowspan="2">3</td><td rowspan="2">中国武书连研究员提出的分类法</td><td colspan="2">按类划分：综合类、文理类、理科类、文科类、理学类、工学类、农学类、医学类、法学类、文学类、管理类、体育类、艺术类共 13 类</td></tr>
<tr><td colspan="2">按科研规模划分：研究型、研究教学型、教学研究型、教学型</td></tr>
<tr><td rowspan="3">4</td><td rowspan="3">以潘懋元、陈厚丰等学者为代表提出的分类方法</td><td colspan="2">学术型大学，培养层次为：本科（学士学位）→硕士（学位）→博士（学位）</td></tr>
<tr><td colspan="2">应用型本科高校，培养层次为：本科（学士学位或专业文凭）→专业硕士（学位或专业文凭）→专业博士（学位或专业文凭）</td></tr>
<tr><td colspan="2">职业技术高校，培养层次为：专科（副学士学位或职业技术文凭）→职业技术本科（学士学位或职业技术文凭）→职业技术硕士（学位或职业技术文凭）</td></tr>
</table>

高校在进行类型定位时可根据上表的不同标准，认清高校所在的类型，从而确立高校的形象定位。

（四）高校特色定位

高校特色定位即是指高校在同类大学中寻找自身的差异优势。一般而言，高校的特色定位体现在高校的人才培养特色、科学研究特色、社会服务特色等方面，以及高校在履行高校功能时体现出来的特色文化特质和个性。

以师范类高校为例。师范类大学所培养的人才大多以未来的教师作为定位，并在此基础上将高校定位进行细化，以此树立高校的特色定位。

例如，湖南师范大学的具体定位如下。

学校类型定位：研究教学型大学。

发展目标定位：建设教师教育特色鲜明、国内一流、国际上有影响的高水平综合型大学，学校综合实力位居湖南省属高校第一，国内同类院校前列。

办学层次定位：坚持以高质量本科教育为主体，以高水平研究生教育为重点，稳步推进继续教育发展，大力提升教育国际化水平。

服务面向定位：坚持立足湖南、服务全国、面向世界，主动适应国家和湖南经济社会发展的需要，成为国家人才培养和知识创新的重要基地、地方经济社会发展的重要支撑、湖南乃全国基础教育发展的重要引擎。

学科发展定位：以创建一流学科和特色学科为目标，巩固优势学科，发展特色学科，培育交叉与新兴学科，着力建设学科高原，打造学科高峰，力争有若干学科或学科方向达到国内一流、国际上有影响。

人才培养目标定位：秉承“仁爱精勤”校训精神，坚持立德树人，促进学生德、智、体、美、劳全面发展，培养具有深厚的人文与科学素养、扎实的专业基础、开阔的国际视野的高素质专门人才和拔尖创新人才。

从湖南师范大学的定位来看，其不仅明确了高校的发展目标，而且明确了高校的办学层次、服务范围以及学科发展、人才培养等方面的目标，有利于高校以此作为基础，对外树立鲜明的、具有个性化和特色化的形象。

二、把握高校的文化特性

高校在形象建设中应充分把握高校的文化特性。高校形象塑造是从高校自身文化内涵在推动社会文明进步中所承担的文化传承、文化创新和文化引领行为中体现出来的。

（一）高校文化和高校形象建设之间的关系

高校文化和高校形象之间存在着极其密切的内在联系，清晰地认识高校文化和高校形象建设之间的关系有利于更加精准地塑造高校形象。

1. 从时间维度分析

高校文化是长期历史积淀的产物，高校文化建设是一个长期的、积累和连续的过程，高校形象建设也具有长期性、持续性和发展性的特点。高校的历史文化积淀是塑造高校形象的重要因素。

2. 从空间维度分析

高校文化内涵丰富，从不同视角可以划分为不同的文化类型。不同类型的高校文化均能够从不同侧面体现高校形象（见表 4–6）。

表4–6　高校文化类型划分一览表

序号	划分视角	细分类型
1	从文化行为主体视角划分	教师文化、学生文化、校长文化、管理人员文化、科研人员文化
2	从文化行为的组织形式视角划分	院校文化、班级文化、学习小组文化、宿舍文化、科研团队文化
3	从文化行为的内容视角划分	课堂教学文化、学术科研文化、学校管理文化、社会实践文化、校园生活文化
4	从文化结构层次的视角划分	物质文化、精神文化、制度文化、行为文化

（二）加强高校文化建设

从上文分析中可知，高校文化和高校形象建设之间存在着极其紧密的关系。高校的文化建设是高校精神的重要组成部分。在高校形象建设中应当注重高校文化建设，通过建设高校文化，塑造独特的高校形象。

1. 高校精神文化建设

高校精神文化是高校文化核心，也是高校文化的深层次体现。高校精神文化建设应围绕高校形象展开，其中尤其应当突出高校办学理念，展示学校学科特色，通过各种文化活动推动高校形象塑造。

其一，突出学校办学理念。高校办学理念是高校精神文化的重要组成部分，也是高校形象建设的重要组成部分。

其二，推广学校形象。高校的精神文化建设应当立足办学理念，同时注重推广高校形象。

2. 高校物质文化建设

高校物质文化是高校文化建设的基础，也是高校精神文化的载体。高校物质文化主要包括高校校园建筑形象、景观形象等。

其一，高校建筑形象。建筑是一种凝固的文化符号，是文化的外在载体之一，只有从文化角度进行深层次思考，才能真正理解建筑中蕴含的精神。高校建筑中往往蕴含着高校独特精神、文化和悠久历史。

以清华大学为例。清华大学始建于 1911 年，是一座传承百年的历史名校。清华大学校园中保留一批历史悠久的早期建筑，其中具有代表性的主要包括清华学堂、清华大学图书馆、体育馆、清华大学大礼堂、清华大学科学馆、二校门等。

其中，二校门位于清华主干道之一清华路，为青砖白柱三拱“牌坊”式建筑，门楣上书刻有清末大学士那桐的手迹“清华园”三个大字。二校门背面的石头上刻有“1911 年初建，1991 年校友集资重建”的题刻。从这一题刻中可知，清华大学二校门始建于 1911 年，是清华大学的前身“清华学堂”最早的一批建筑。1991 年在众多校友集资的基础上，清华大学二校门进行了重建，重建后的二校门保留了其最初的设计风格。

清华大学二校门建筑是由奥地利建筑师埃米尔·菲舍尔（Emil Sigmund Fischer）主导设计的。20 世纪初期，埃米尔·菲舍尔通过对西方建筑传统中常见的教堂立面元素的运用，使其呈现出庄重、典雅、神圣、威严、坚固的意蕴，其建筑风格反映了西方近代学校建筑在中国的演变过程，具有较高的建筑价值和艺术价值。

又如，苏州大学的前身是创办于 1900 年的东吴大学，是中国最早以现代大学学科体系建设的大学。至今，苏州大学校园内还存在大量早期建筑。此外，苏州大学的现代建筑也极具特色。

其中，苏州大学的炳麟图书馆位于苏州大学独墅湖校区，是由美籍华人实业家唐仲英先生捐助，并以其父亲的名字命名的一座现代化的图书馆。该图书馆建筑外观似“水晶莲花”，寓意“出淤泥而不染，濯清涟而不妖”的高尚情操。其坚守质朴、简约流畅的风格，抒发着江南情怀的浪漫气息，凸显出苏州大学独特的文化气质。

其二，景观形象。高校景观形象是高校校园环境的重要组成部分，也是建设高校形象的重要物质文化因素。高校作为教学和科研场所，大多都建设得优美而富有特色，具有较强的形象识别性。

例如，美国斯坦福大学占地面积大，仅校园面积就达数百公顷，其间以大片的绿色草地映衬着17世纪的西班牙式建筑，使得校园景观具有古典与现代交映的特色。

又如，清华大学的荷塘月色，北京大学的湖光塔影，中山大学的树影婆娑，厦门大学的芙蓉湖风光等等，均构成了独具特色的校园景观形象。

3. 高校制度文化

高校制度文化是指在办学进程中要遵守的规章制度的总和。其中包括学校的管理办法、组织机构、规章制度等，是规范校园精神文化和行为习惯的中介载体。

高校作为专门的教育机构，其合理运转离不开相关制度的保驾护航；而制度文化则是为了促进校园精神文化的传承与创新，以及维护物质文化的丰富而累积形成的。高校制度文化在维护校园学术和活动的正常开展中，成为高校文化的重要补充。高校校园制度文化是高校培养目标的再现，其不仅以制度的形式约束高校师生的行为，更是以文化的形式引导内化高校师生的理想追求，为高校校园文化的有序进行提供了有效保障。

4. 高校行为文化

高校校园行为文化是指在社会文化大背景下以教师与学生为主体的高校师生在长期办学进程中所表现出的行为方式总和。高校行为文化的主体是教师和学生。高校教师的行为文化可以划分为学术行为文化和教学行为文化，高校教学行为文化表现出教师群体在追求学术文化时的目标与态度。学生的行为文化主要表现在学业行为文化和活动行为文化上，学生的行为文化是学风的表现方式。

三、设定独特的高校形象识别系统

高校形象识别系统的导入是现代高校构建特色化、个性化形象的基础。将脱胎于企业识别系统CIS的大学形象识别系统UIS（University Identity System）导入高校，能够在校园中建设科学而独特的高校形象识别系统。

UIS系统包括三个方面，即理念识别系统MIS（Mind Identity System）、行为识别系统BIS（Behavior Identity System）和视觉识别系统VIS（Visual Identity System），在此基础上还可以进行扩充。将高校人员识别系统和高校学科识别系统纳入其中，可以形成高校品牌形象维度体系，能够更好地建设高校的品牌形象。

高校理念识别系统具体包括高校宗旨、治学主张、高校精神、学风校训等。其中校风校训尤其能够体现高校理念和精神。

如复旦大学所引用的顾炎武的名言——“博学而笃志，切问而近思”；清华大学“自强不息、厚德载物”的校训和“行胜于言”的校风；哈佛大学的校风有口皆碑，即“以柏拉图为友，以亚里士多德为友，但更要以真理为友”；芝加哥大学的校训是“理论比实践更重要”；牛津大学的学校文化渊源于古希腊的自由教育思想，在长期的发展过程中，逐步形成了注重学识渊博与学术自由、重视知识的内在价值、强调发挥个人才智和潜力的办学理念和学校文化。

高校行为识别系统具体包括招生情况、就业情况、社会实践、校际交流、形象事业等。其目标在于通过学校内部的制度、管理的变革和规范，使师生员工行为规范化。学校在处理对内、对外关系的活动中，体现出一定的准则和规范，并以实实在在的行动体现出大学的理念精神、价值观和大学风范，从而塑造大学的动态形象，有利于树立高校良好的整体形象。

高校视觉形象识别系统具体包括名称标识、设施环境、宣传推广等。在对外传播过程中力求使公众在视觉上对高校认识形成一致，塑造明确而统一的高校整体形象效果。

高校人员识别系统具体包括高校师资水平、学生素质、领导形象、校友成就、职工面貌等；高校学科识别系统具体包括优势学科、特色学科等。

新时代高校导入大学形象识别系统具有独特的价值和意义。

第一，教育改革促使国内大学市场化、产业化，客观要求大学借用市场化中行之有效的 UIS 战略，按照市场规律改造大学经营理念；第二，培养个性化人才、塑造有特色的大学风格需要启动 UIS 传播系统；第三，UIS 的实施有助于整合学校形象资源，塑造学校品牌，提高核心竞争力。

高校形象管理创新的目的之一就是通过不同的组织团体内外间的沟通了解来减少管理中产生的摩擦，建立与重要公众的良好情谊，并塑造良好的形象，以增进组织效能。

其一，高校导入 UIS 是适应国际高等教育发展的需要。教育市场的国门如今已经打开，国际人才市场和教育市场的形成与竞争，要求我国的高等教育适应形势发展，勇于走出去，直接参与到国际间的高等教育竞争中去。因此，高校良好的品牌形象无疑会成为最有效的宣传手段之一。

其二，高校导入 UIS 是国内高等教育市场竞争的需要。近年来，国内的高校招生招聘工作竞争激烈，有效吸引最优秀的学生生源，广纳贤才，增强学校发展的实力，成为高校的“竞争点”。国内教育的改革客观上开始要求大学借用市场化中行之有效的 UIS 战略，按照市场规律重塑大学理念，增强公众对学校的感性认识，帮助学校建立积极良好的外在形象，并最终为公众和社会认可与接受。

其三，高校导入 UIS 是高校自身建设发展、提高“核心竞争力”的需要。高校要整合形象资源，建立自身独特的品牌形象，要解决资金投入不足的困境，要满足校园精神文明建设要求，等等。所有这些，都在一定程度上依赖于高校创建自身的 UIS 系统。

综上所述，高校导入 UIS 是适应社会发展和自身发展的需要，通过形象识别系统培育出属于自己的大学理念，以增强学校品牌的个性化，使社会公众产生一致的认同感，进而提高整体竞争力，最终实现从品牌到名牌的跨越（见图 4–13）。

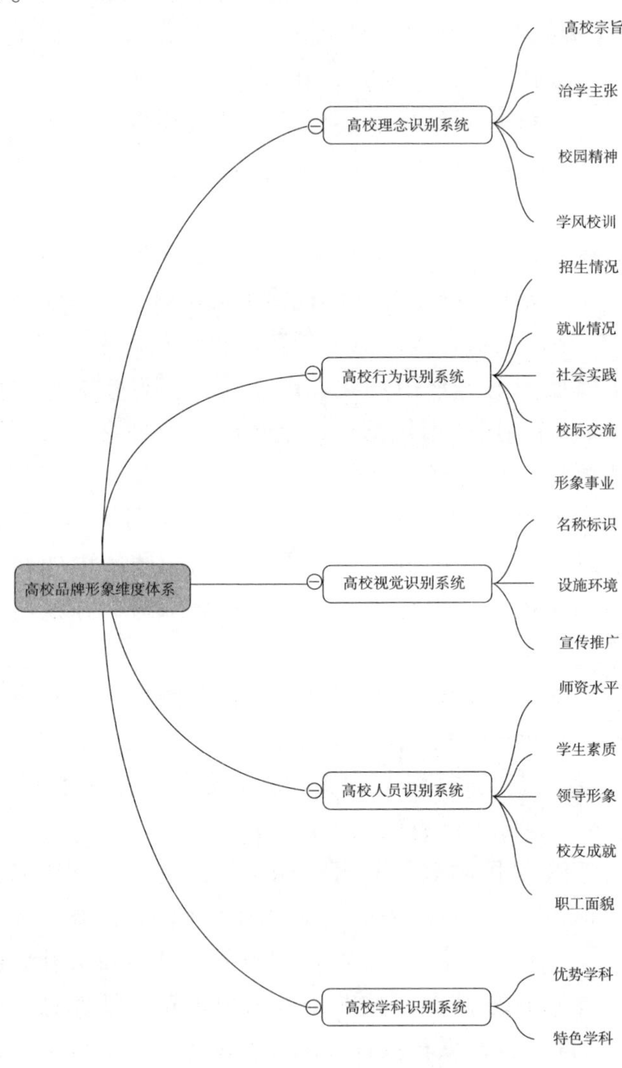

图 4–13　高校品牌形象维度体系

值得注意的是，在实施高校 UIS 战略时涉及的视觉识别系统建设，应包括视觉识别的基本要素、办公用品系列、交通工具系列、办公环境系列等内容在内（见表 4–7）。

表4–7　高校UIS战略视觉识别系统建设一览表

类型	内容
基本要素	大学名称、大学标识物、标识建筑、吉祥物、校徽、标准字、标准色、校旗、校报、校服等
办公用品系列要素	名片、信封、信纸、便笺、邀请函、贺卡、证书、票券、入场券、贵宾卡、贴纸、公文卷宗、公文信封、公文纸、资料夹、账表、笔记本等
交通工具系列要素	运输车、校车、车用饰物等
办公环境系列要素	环境空间设计、办公设备、照明、绿色植物与盆景、橱窗、部门牌、标示符号、告示牌、公告栏、茶具、烟缸、清洁用品、文具用品、公文包等

除了视觉形象系统之外，还应注重高校听觉系统建设，包括校歌、校园歌曲、校园广播等内容。

在导入高校 UIS 战略时应注意两个方面：一方面，在注意高校品牌形象建设的同时，解决好公众关注度提升；另一方面，注重文化形象信息的内化过程。

四、湖南大众传媒职业技术学院品牌形象建设案例

从上文可以看出，建设高校品牌形象，导入高校 UIS 系统需要涉及方方面面的因素。本书在这里仅以湖南大众传媒职业技术学校的品牌形象建设为例，进行系统说明。

湖南大众传媒职业技术学院成立于 2000 年 7 月，最初由原湖南银行学校和湖南教育电视台合并而成，属于传媒类高职学院。2002 年和 2004 年，先后并入原长沙县教师进修学校、原湖南省广播电视学校，形成湖南省教育厅、湖南省广播电视局、湖南广播电视台共建，湖南省教育厅主管的地方性高职院校。

湖南大众传媒职业技术学院成立后十分注重自身的品牌形象建设，通过全面导入 UIS 系统，打造了鲜明的特色院校形象。

（一）高校理念识别系统

1. 办学定位

立足湖南、面向全国，服务文化产业、突出传媒特色。

2. 校训

创意点亮人生。

校训释义："创意"语出汉代王充《论衡·超奇》："孔子得史记以作《春秋》，及其立义创意。"其现代意义源于英文"originality"，指提出有创造性的想法、构思、新意或意境，其实质是独特的、原创的、有意义的，是产生新事物的能力。在西方人文科学中，"创意"被看成传统的叛逆和打破常规的哲学，是一种智能的拓展。以创造力为核心的文化创意产业就是人类突破原有或传统的思维和行为模式，以全新的姿态所展现出的新业态、创作现象或劳动过程。一般来说，"创意产业"主要包括广播影视、动漫、音像、传媒、视觉艺术、表演艺术、工艺与设计、雕塑、环境艺术、广告装潢、服装设计、软件、计算机服务等方面的创意群体，是湖南大众传媒职业技术学院办学的行业支撑。

校训是一所学校办学理念和精神追求的集中体现，它重在倡导一种精神追求，而非具体的对师生的行为规范。选用"创意点亮人生"作为校训方案，湖南大众传媒职业技术学院主要基于如下考虑。

（1）追求"创意"符合湖南大众传媒职业技术学院的专业定位。传媒业属于文化产业，文化产业的核心在于"创意"，而湖南大众传媒职业技术学院的主要专业都是面向文化创意产业培养人才，追求个性化和新意是这类人才应有的秉性。"创意"既彰显了学院办学定位与特色，又不是面面俱到、一概而全。

（2）直面"人生"符合湖南大众传媒职业技术学院的育人理念。湖南大众传媒职业技术学院始终把教育指向学生的成长与成才，把人的发展作为人才培养的终极目标。"创意"不仅可以照亮学生的成才、成功之路，也能使师生的人生更加充满意义，符合现代大学精神的特质。

（3）"点亮"一词平实而富有诗意。"点"既可理解为"点子"，也可理解为"瞬间智慧火花的迸发"，是一个厚积薄发的过程；"亮"则彰显了人的发展中诗意般的结果，它不是一个具体的目标，而是一种理想的状态。

“创意点亮人生”采用平白的现代汉语句式，响亮、易懂、易于识记，但又不流于“口号化”的平淡，整个语句富于动感，拥有广博的“想象空间”。

3. 学校精神

传播正能量

4. 校风

崇德尚能，守正创新

5. 教风

言传身教，正己立人

6. 学风

厚德博学，知行合一

7. 发展战略

引台兴校、原创强校、服务荣校

8. 人才培养目标

致力于为湖南“三高四新”战略实施、文化强省建设、传媒产业发展，培养综合素质高、传播沟通能力强的创意型技术技能人才。

9. 校歌

《我们正青春》

我在特立路上，雨花涤荡着 V 谷流光，传媒艺术之都璀璨星芒，那是我心中的殿堂。同学少年，青春飞扬，梦想把未来唱响。湖湘文脉，世纪初阳，前台后院书写华章。那只创意的精灵，始终在我的心头激荡！守正创新，奋发图强，立德树人，初心不忘。那只创意的精灵，始终在我的心头激荡！守正创新，奋发图强，立德树人，初心不忘。今日传媒学子，明日成栋梁，民族复兴，我辈担当，传播正能量。志存高远，我们正青春……（见图 4–14）

我们正青春

——湖南大众传媒职业技术学院校歌

朱丹 李兵 词
邓东源 曲

自由、浪漫、朝气蓬勃地

我在特立路上，雨花涤荡着V谷流光，传媒艺术之都

璀璨星芒，那是我心中的殿堂。同学少年，青春飞扬，
知行合一，教学相长，

梦想把未来唱响。湖湘文脉，世纪初阳，前台后院书写
创意把人生点亮。山色空蒙，湖光荡漾，书声琅琅桃李

华章。那只创意的精灵，始终在我的心头激荡！
芬芳。

守正创新，奋发图强，立德树人，初心不忘。那只创意的

精灵，始终在我的心头激荡！守正创新，奋发图强，

立德树人，初心不忘。今日传媒学子，明日成栋梁，民族复兴，

我辈担当，传播正能量。志存高远，我们正青春。

心怀大众，传播正能量！传播正能量！

图 4-14 《我们正青春》歌词

（二）高校行为识别系统

1. 招生情况

每年除统招之外，还进行各专业单独招生。

2. 学生就业情况

该校每年公布毕业生就业质量，对高校毕业生的去向，以及初次就业情况进行详细分析。

3. 校园文化活动品牌建设

湖南大众传媒职业技术学院自2000年成立以来就十分注重打造鲜明的、个性化的、丰富多彩的校园文化活动品牌。20多年来，该校已初步打造一系列校园文化活动品牌。

（1）大型校园文化活动。湖南大众传媒职业技术学校的校园文化艺术节是该校打造的一个特色文化品牌，截至2022年，已举办19届。校园文化艺术节是湖南大众传媒职业技术学院各个学院的集体盛会，该盛会每年结合不同主题，不仅有力地推动了学院的素质教育，而且充分展现了学院的艺术教育和发展成果。

除了主题文化艺术节之外，湖南大众传媒职业技术学校还打造了田径运动会、建校周年庆等大型校园文化活动。

（2）校园文化精品项目。湖南大众传媒职业技术学院下设新闻与传播学院、影视艺术学院、视觉艺术学院、新媒体技术学院、管理学院、国际传播学院6个二级学院和思想政治课教学部、体育课教学部2个教学部，实行校院（部）两级管理，共设置了34个专业。

多年来，该学院紧扣专业特色，以各类展演、竞赛等为载体，开发了一系列具有传媒特征和专业特色的校园文化活动，建设并培育了五彩融媒、“演艺坊”声音工厂、守正讲堂等一系列校园文化精品项目。

其中，“五彩融媒”的品牌理念，即以“红色”主旋律、“蓝色”技术支撑、“绿色”网络文明素养、“橙色”创意思维和“金色”成果导向，实现“专业+网络+思政”的“三化五彩”网络育人目标。近年来，依托学院的融媒体中心，该校以微视频、微音频为“主打菜”，推出了一批如原创党史学习教育主题系列微视频《书记说党史》、大型网络直播《青春告白祖国》、原创话剧《侗乡大医》等网络育人产品。

（3）加强校企合作。坚持校企合作、工学结合，坚持质量与效益并重，努力建设高水平特色学校是湖南大众传媒职业技术学院的办学目标。近年来，学院通过校企、校地合作平台，加强高校自身文化项目的建设和推广。

（三）高校视觉识别系统

1. 校徽（见图 4–15）

图 4–15　湖南大众传媒职业技术学院校徽

校徽释义：

湖南大众传媒职业技术学院的校徽图案由字母“C”和“M”、年份 2000 和学院中英文校名组成一个圆形，以蓝色为主色调。

（1）字母“C”和“M”既为“传媒”二字汉语拼音首字母，又为学院英文名称中“Mass Media College”三个单词的首字母，同时契合学院校训“创意点亮人生”的英文表述“Magic Matirx of Creation”的首字母，体现学院的传媒特色。

（2）校徽主图案由电影胶片和两个“人”组成，以红、绿、蓝电视三基色来表现，象征着“影视”。组成字母“M”的两个“人”字，寓意学院始终把人的发展作为人才培养的目标。

（3）主图案下方标注“—2000—”，表示学院成立于 2000 年。左右各一个“—”表示学院既有久远的办学历史（1949 年成立的湖南银行学校、1958 年成立的湖南省广播电视学校），又有值得期待的未来。

（4）校徽图案采用圆形，外环标注学院中英文校名，中文校名采用毛泽东书法字体。书法字体灵动活泼，与主图案的端庄沉稳形成呼应，体现学院汲取并传承湖湘文化的地域渊源。

2. 校旗

图 4–16　湖南大众传媒职业技术学院校旗

湖南大众传媒职业技术学院的校旗采用了校徽的蓝色作底，左上角放置校徽内部主图，突出显示了传媒学院的特色，主图采用蓝、绿、红三种色彩，以白色为底，三种色彩依次排列，既凸显了校徽的主体色彩——蓝色，又契合学院“创意点亮人生”的校训。

（四）高校形象建设媒介

高校形象建设过程中需要借助一定的媒介。湖南大众传媒职业技术学院十分注重高校形象媒介建设。

一方面，建设良好的校园文化环境。近年来，湖南大众传媒职业技术学院不仅建设了校史馆，充分展现学院精神和专业特色的建筑文化，而且通过良好的校园环境规划，建设了和谐、美丽的校园景观。

另一方面，积极整合校报、电视台、广播电台、新闻网、官方微博、微信、抖音号等媒介，建设融媒体中心，进一步完善各媒介协同运作机制，创新宣传手段，提高宣传效果；加强人文素质教育基地、讲坛等文化阵地建设和管理（见表 4–8）。

表4-8　湖南大众传媒职业技术学院形象建设传媒

媒介	效果
官方网站	
微信公众号和视频号	
微博	

续表

媒介	效果
抖音	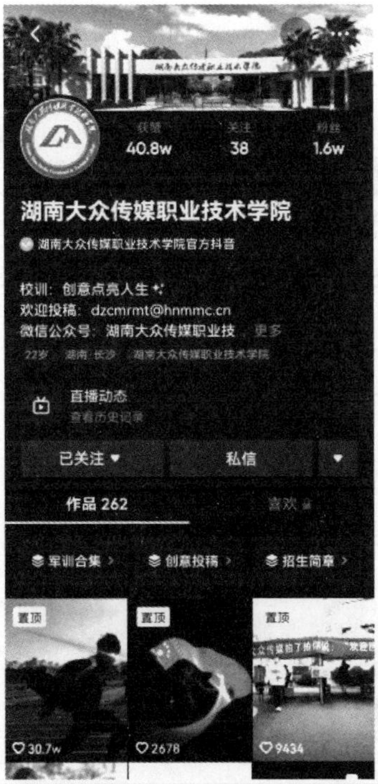

综上所述，湖南大众传媒职业技术学院现已建立了相对鲜明和个性化的形象，为学院的知名度和美誉度的提升构建了坚实的基础。

第五章　新时代高校形象传播研究

第一节　新时代高校形象传播的特点

高校形象传播是高校形象管理的重要组成部分，高校形象传播是一项系统工程，新时代高校形象传播与传统高校形象传播相比具有一系列新特点。本节主要对新时代高校形象传播的概念、类型、特点和功能进行详细阐释。

一、高校形象传播的概念及其要素分析

传播即通过能共同识别的符号和媒介，在个人或群体中发生信息流通、共享、扩散的行为（过程）。① 人类传播的主要形态可分为五种，即自我传播、人际传播、群体传播、组织传播以及大众传播。高校形象传播顾名思义是指高校形象在社会群体中传播的过程。

（一）传播 5W 模式

传播是人类社会产生相互关系的一种现象，西方学者哈罗德·拉斯韦尔（Harold Lasswell）于 1948 年在《社会传播的结构和功能》中提出社会传播的“5W”模式，指出任何信息在传播过程中均包括五大要素，即谁（Who）、说什么（Say What）、通过什么渠道（In Which Channel）、对谁说（To Whom）和产生什么效果（What Effent）。传播的五要素对应传播的五个不同环节，而这五个环节的研究几乎涵盖了传播研究的主要领域（见图 5-1）。

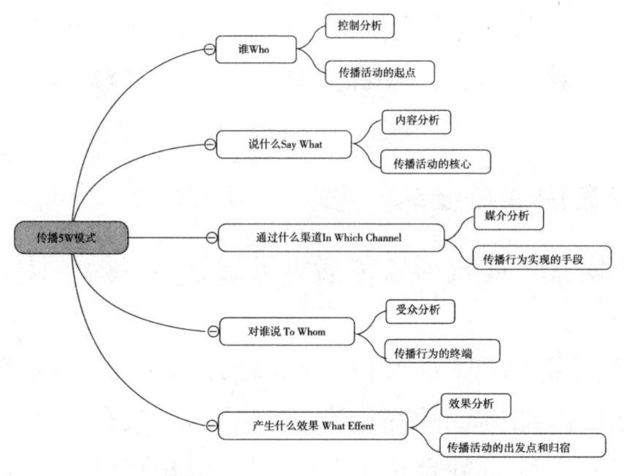

图 5-1　传播 5W 模式图

① 马骋，李利鹏．视觉艺术传播与管理研究 [M]. 上海：上海大学出版社，2019：22.

1. 谁（Who）

谁是传播者，是传播活动的主要角色，这一环节对应着传播活动的控制分析，是整个传播活动的起点。在大众传播中，传播者既可以是个体，如记者、编辑、主持人等；也可以是组织形式，如媒体公司、出版公司、演艺公司等；还可以是组织中专门承担传播任务的群体，如企业宣传员、政府新闻发言人等。

2. 说什么（Say What）

说什么，是传播活动的重要环节，对应着传播活动的内容分析，是指通过借助各种传播工具将信息传递给社会大众。传播内容是整个传播活动的核心。一般而言，传播内容讲究实效性，要求传播者掌握传播内容的生产、流动和反馈。

3. 通过什么渠道（In Which Channel）

通过什么渠道，特指信息传播的媒介，即信息的载体，这一部分对应信息传播的媒介分析，是信息传播行为实现的主要手段和重要环节。

4. 对谁说（To Whom）

对谁说，对应传播活动的受众分析。信息传播是将信息从一类社会群体传播至另一类社会群体的过程，信息传播受众的分析在信息传播中至关重要。信息传播受众既是信息传播的主要对象，也是反馈信息的主体。信息受众的行为对信息的二次传播有着极其重要的意义。

5. 产生什么效果（What Effent）

产生什么效果，对应信息传播的效果分析。传播效果贯穿于整个传播活动之中，是信息传播活动的出发点和归宿。传播效果也是整个传播活动的中心。如果信息传播的效果不佳，或者没有效果，那么整个信息传播就失去了其存在的意义。

（二）高校形象传播的主体

根据传播 5W 模式，高校形象传播也可划分为传播主体、内容、渠道、受众和效果五个部分。

高校形象传播的主体即高校自身。高校作为一个社会组织，在传播高校形象时，常借助高校内部设置的高校宣传部等高校宣传机构来实现。高校宣传部的工作既涉及制定高校对外宣传工作计划，也包括落实高校对外宣传计划。

高校形象传播的主体在实际工作过程中往往先树立高校形象传播的目标，根据时间将传播目标划分为短期、中期和长期三种类型。一般来说，高校形象传播的长期目标是在实现短期传播目标和中期传播目标的基础上达成的。

在实现高校形象传播的过程中，高校宣传部一般根据不同时期的传播目标，采集全校相关信息，将具有宣传价值的信息进行整合、加工，并传递给校内外的公众。

高校形象传播主体在进行高校形象传播时常从高校的类型出发，对所搜集的传播信息和主题进行编辑，使这些信息更加符合高校的定位和类型。例如，高校按照人才培养进行划分，可以划分为研究型高校、教学科研型高校、教学型高校等类型；按照社会服务功能划分，可以划分为国际性高校、全国性高校、区域性高校和地方性高校等类型。并且从高校的类型和个体功能出发对高校进行精准传播，有利于提升高校传播效果。

（三）高校形象传播的内容

高校形象传播的内容是高校形象传播的重要构成因素。高校形象传播的影响因素多种多样，这些因素之间存在相互联系、相互作用的复杂关系。高校形象传播内容涉及多个方面，大体可划分为 10 种类型（见表 5–1）。

表5–1 高校形象传播的内容一览表

序号	传播内容	传播重点
1	历史风采	高校悠久的办学历史和优良办学传统 我国百年老校包括清华大学、武汉大学、天津大学、北京大学、山东大学、贵州大学、山西大学、四川大学、西北大学、浙江大学、湖南大学、南京大学、南京师范大学、南京农业大学、东南大学、江苏大学、江南大学、南京工业大学、南京林业大学、扬州大学、北京师范大学、西北师范大学、太原理工大学、河南农业大学、河北农业大学等
2	办学理念	高校办学理念是高校形象建设的核心和灵魂，也是体现高校形象的重要内容 办学理念的传播集中体现在校训、办学目标、高校精神等方面
3	师资水平	高校师资水平的传播主要包括教师资历、学术成就和社会成就、头衔、教学质量等方面
4	科研实力	高校科研实力的传播主要体现在科研项目、科研成果、科研产出的数量和质量等方面
5	学生素质	高校学生素质的传播主要包括思想素质、身体素质、心理素质、政治素质、业务素质、道德素质、审美素质、劳动技能素质等

续表

序号	传播内容	传播重点
6	校友成就	高校校友成就的传播主要包括校友的社会成就、影响等
7	校园文化	高校校园文化的传播可以划分为校园物质文化、精神文化、制度文化、行为文化等
8	学校特色	高校特色的传播包括独特的大学精神、办学理念、特色学科、特色专业、特殊的教学方式、管理模式等
9	创新能力	高校创新能力的传播包括科研创新能力、教学模式创新能力、创新创业能力等
10	国家政策	国家政策的传播包括高校获得的科研扶持、教学资源扶持，高校学科入选世界一流学科等

（四）高校形象传播的媒介

高校形象传播的媒介，即高校形象传播的载体，主要可划分为两种类型，一种类型是纸质媒介，另一种类型是网络电子媒介。这两种高校形象传播媒介又可细分为多种类型（见表 5-2）。

表5-2　高校形象传播媒介类型一览表

类型	高校内部传播媒介	社会传播媒介
纸质媒介传播	校报	大众报纸
	宣传册	大众刊物
	宣传板报、橱窗	地方或行业宣传物
	招生海报	—
网络电子媒介	高校官方网站	电视
	高校宣传片	广播
	校园广播电台、校园电视台	电影
	高校官方新媒体	门户网站、论坛、行业新媒体等

（五）高校形象传播的受众

高校形象传播的受众可划分为广义受众和狭义受众两种类型。一般而言，高校形象传播的受众多为广义受众，即包括全体成员在内。高校形象传播的广义受众具有人数众多、分布广泛、传播受众彼此之间的熟悉度较差、分散性和异质性特点突出等特征，且不受任何规范或准则制约。

高校形象传播受众多为高校准大学生及其家长、高校大学生及其家长、教育工作从业者等。这些高校受众出于自身利益考虑，对高校的形象极其关注，并且有选择地接受高校信息。

除了广义受众之外，高校形象传播的狭义受众主要从不同角度对受众进行划分。例如，从媒介类别角度可以将高校形象传播的受众划分为报纸受众、电视受众、网络受众等；又如，从职业类别角度可以将高校形象传播受众划分为教育行业受众、商业受众、工业受众、农业从业者受众等；再如，从受众的文化程度、收入水平或年龄可以将受众划分为不同类型。

（六）高校形象传播的效果

高校形象传播的效果是指受众在接受高校信息之后，对高校形象在认知感悟、思想、态度和行为方面产生的变化。高校形象传播的效果分析是研究公众对高校形象传播有没有起到积极或负面效果的反映。

高校形象传播的效果是否良好，可以从以下几个方面进行判断。

（1）高校形象传播中所涉及的信息是否被受众所接收或消化；（2）高校形象传播的信息价值是否被公众所认同；（3）高校形象传播过程中，受众对高校的印象是否发生了改变；（4）高校形象传播过程中，受众对高校的评价、选择行为是否发生了改变。

综上所述，高校形象传播是一个系统性较强的过程，高校形象传播涉及五方面要素，其中，高校形象传播效果关系着整个高校形象传播的价值是否实现。如果高校形象传播效果较好，那么，受众在接收高校形象信息后，一般会从心理上拉近与高校的距离，改变对高校原有的思想和观点，改变受众的行为。总之，高校形象传播是一个改变受众认知和行为的过程，利用高校形象传播能够源源不断地传播高校的信息，不断强化宣传效果，从而达到良好的传播效果。

二、新时代高校形象传播的个性特点

新时代高校形象传播的个性特点主要表现在以下几个方面。

（一）高校形象传播方式多样化

新时代，随着新媒体传播方式的不断发展，高校形象传播方式朝着越来越多样化的方向发展。

新时代高校形象传播方式除了传统纸质传播方式之外，还形成了音、视频、声画和文字相结合的立体化传播方式，使得高校形象以更加立体的形式进行传播。

纵观新时代高校形象传播方式，大体可以划分为以下几种类型。

1. 官方网站传播

高校官方网站是网络媒体时代高校不可或缺的传播媒介，高校官方网站不仅栏目设置齐全，而且所包含的信息量大，能够较为全面地展现高校的形象。

一般而言，高校官方网站不仅包含高校最新的活动信息，还包含高校的简介、发展史、学科和专业、学术科研、代表性教师介绍，以及高校校园活动、高校景观；高校官方网站往往还对优秀学子或校友信息进行展示。

由此可见，高校官方网站是高校形象传播的重要窗口，也是新时代高校形象传播中不可或缺的重要方式。清华大学和北京大学的官方网站见图 5–2 和图 5–3。

图 5–2　清华大学官方网站展示

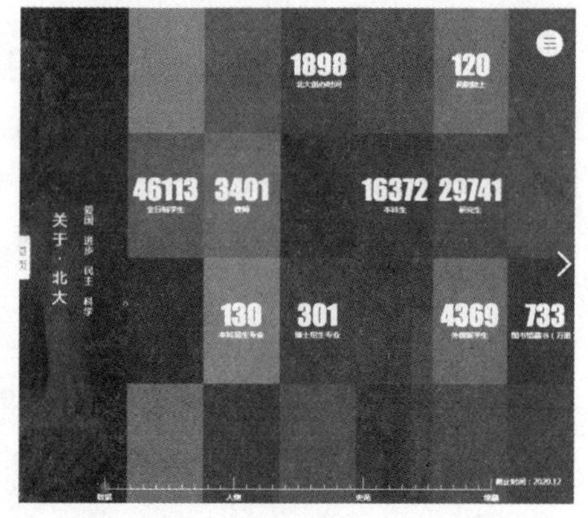

图 5–3　北京大学官方网站展示

2. 官方新媒体平台

近年来，随着新媒体平台的持续发展及其在社会上的普及率越来越高，高校新媒体平台已然成为高校形象传播的重要窗口。

例如，高校官方微博平台具有较强的开放性，其每天可以发布多条信息，能够综合利用文字、图片、视频、音频等资源，还可以发布超话，吸引更多受众的参与。因此，官方微博受到高校的重视，成为高校形象传播的重要平台。上海交通大学官方微博主页见图 5-4。

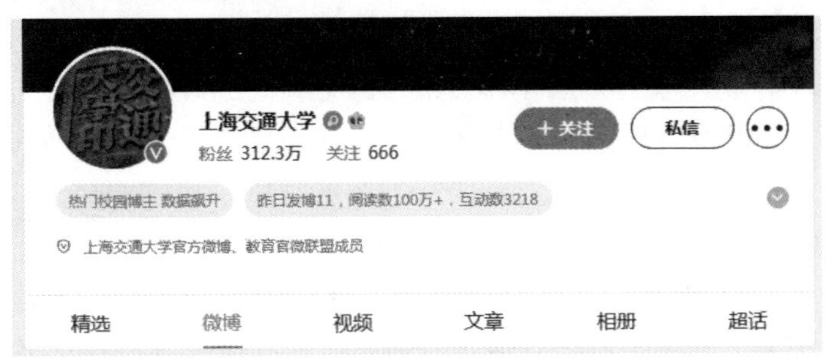

图 5-4　上海交通大学官方微博主页示意图

又如，与微博平台相比，虽然高校官方微信平台开放性相对较弱，然而其可以通过小程序开发的形式，将多种新媒体传播平台整合至一起，还可以开通微信视频号，借助图文结合、图片、视频等多种形式的传播方式进行高校形象传播。

再如，高校官方短视频平台。近年来，随着短视频行业的快速发展，出现了大量以特色短视频内容创作为主要内容的短视频平台，在较短时间内吸引了大量公众。新时代，高校官方视频平台成为高校重要的新媒体传播平台之一。

高校官方新媒体平台具有信息碎片化、内容综合化、手段综合化、更新及时性强等特点，较符合现代受众的审美习惯和信息接受习惯。

3. 官方宣传片

高校宣传片是以影像声画相结合的方式进行的高校形象传播，是高校对内对外宣传的重要传播载体。高校形象宣传片能够在较短时间内展现高校的教育理念、高校精神等综合性信息。新时代，高校宣传片的主题更加丰富，传播渠道更加广泛，是高校传播的重要方式之一。

4. 节事活动传播

高校节事活动是指高校通过举办全校范围的线下主题活动，向外界展现高校的形象。高校节事活动主要包括毕业活动、招生活动、周年庆活动等。

其中，周年庆活动的举办通常较为盛大，尤其是高校逢五、逢十或逢百时的周年庆活动，通常在社会上的影响较大。

新时代，随着各种新媒体传播手段的革新，高校在线下举行节事活动的同时，往往还借助各种传播方式在线上同步进行直播或剪辑成视频进行宣传，以扩大高校节事活动的影响。

5. 社会媒体传播

新时代，除了多样化的高校自有媒体宣传之外，社会媒体对高校的传播方式也越来越丰富。除了大众媒体传播方式之外，近年来我国一些高校还频繁借助某些重大主题影视剧进行形象传播。

例如，2021 年《觉醒年代》《1921》等影视剧中屡屡提到北京大学，并在北京大学中取景拍摄。

除此之外，许多青春题材的影视剧走进校园进行拍摄，将高校的优美校园环境展现出来。例如，《将爱情进行到底》《左耳》等影视剧均在同济大学取景；《金婚》《幸福有多远》等影视剧中则存在大量中国农业大学的镜头；《便衣警察》等影视剧曾在燕山大学取景；《小时代》《睡在我上铺的兄弟》则将上海大学作为取景地；《少年班》《七月与安生》《致青春》《人民的名义》等影视剧则曾在东南大学取景等等。

新时代随着我国高校对校园文化建设的重视，以及我国影视艺术的发展，未来大学校园将会以各种形式出现在影视剧中，从而以各种方式传播高校形象。

（二）高校形象传播范围越来越广泛

新时代随着网络技术的提高以及高校传播手段的多样化发展，我国高校形象传播范围呈现出越来越广泛的特点。具体来说，新时代，随着互联网信息技术的传播和普及，我国互联网网络用户的数量越来越庞大，年龄层次越来越多。

2022 年 2 月 25 日，中国互联网信息中心发布的第 49 次《中国互联网发展状况统计报告》显示：截至 2021 年 12 月，中国网络用户规模达 10.32 亿人，互联网普及率达 73.0%；而 60 岁以上的网络用户规模达 1.19 亿。无论是中国网络用户规模还是互联网普及率，均创历史新高。

自 2017 年我国互联网网络用户规模 7.72 亿人次至 2021 年我国网络用户规模的 10.32 亿人次，网络普及率从 2017 年的 55.8% 上升至 73%。在短短数年间，网络用户人数不断创下新高，从侧面反映了我国互联网技术的发展及普及（见图 5–5）。此外新增手机网络用户 4373 万人，网络用户使用手机上网的比例已达 99.7%。

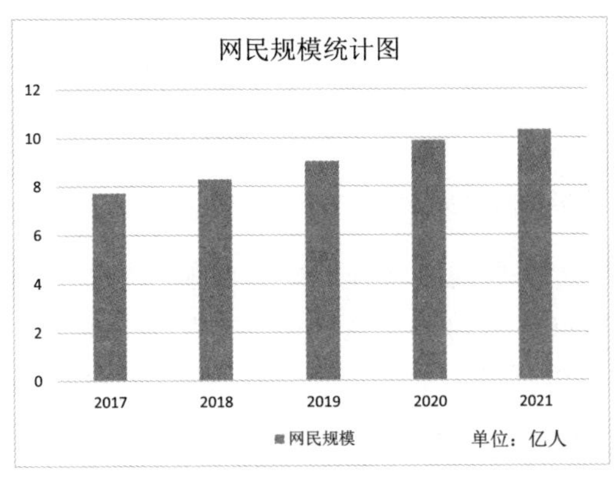

图 5-5　近五年网络用户规模柱状图

随着我国互联网网络用户规模的快速发展，我国网络用户的年龄结构跨度越来越大。10 岁以下网络用户的比例达 4.3%，10 ～ 19 岁网络用户的占比达 13.3%，20 ～ 29 岁网络用户的占比达 17.3%，30 ～ 39 岁网络用户的占比达 19.9%，40 ～ 49 岁网络用户的占比达 18.4%，50 ～ 59 岁网络用户的占比达 15.3%，60 岁及以上网络用户的占比达 11.5%。从这一组数据来看，我国网络用户的年龄呈现出较大跨度，各年龄阶段网络用户上网比例差距性缩小，呈现出朝着低龄化与高龄化双重趋势发展（见图 5-6）。

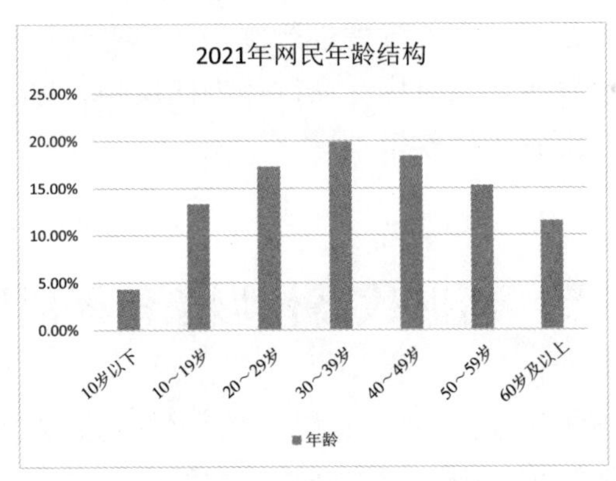

图 5-6　2021 年网络用户年龄结构示意图

随着网络用户数量的增多和网络用户年龄结构跨度越来越大，高校借助各种互联网手段进行的宣传，在客观上呈现出传播范围越来越广泛的特点。

除了国内传播之外，随着我国“双一流”建设工程的实施，越来越多的高校将创办国际一流高校和国际一流学科高校作为目标。在传播策略上，除了进行国内传播之外，更加注重跨文化传播。新时代高校的跨文化传播在客观上使得高校的传播范围越来越广泛。

（三）高校形象传播的整合性与互动性特点

新时代高校形象传播呈现出较强的整合性和互动性的特点。

1. 新时代高校形象传播的整合性特点

新时代高校形象传播的整合性特点是指新时代不同传播媒介开始整合为一体，呈现出强烈的整合性。新时代，随着互联网信息技术的发展，高校形象传播手段开始打破传统与互联网的清晰界线。

例如，传统报纸媒体或高校内部校报、校刊进行的高校新闻报道，可以通过转化为电子形式在网络上进行传播；又如，传统线下举行的各种节事活动，可以借助互联网信息技术进行在线直播等形式实现高校节事活动的线上线下同时传播，从而使高校形象传播效果达到最大化。

2. 新时代高校形象传播的互动性特点

新时代高校形象传播以互联网信息技术作为基础。高校形象传播并非单向传播，而是呈现出较强的互动性特点。

例如，高校在官方微博上发布了高校招生宣传片后，任何公众均可以在高校官方微博下方发表高校宣传片的观感，并指出其中较好的部分，以及需要进行改进的部分来与高校官方微博进行互动。通过互动，高校宣传部门可以在第一时间了解高校宣传片在目标受众群体中的反响，也能创造独特的开放平台，以便于高校提升形象传播效果。

第二节　新时代高校形象传播的原则

新时代高校形象传播是借助一定媒介进行的传播，体现了高校的媒介形象。在新时代高校形象传播中应当遵循一定的原则，本节主要对新时代高校媒介形象传播、新时代高校形象传播原则进行详细分析。

一、新时代高校媒介形象

高校形象千姿百态，新时代高校媒介形象在这里指通过高校为主体的媒介以及大众传播媒介表现出来的高校形象。高校媒介形象是高校形象的一种类

型，其以高校实际形象为基础，直接关系着高校在社会民众心目中的形象。

（一）高校媒介形象的构成要素

新时代高校媒介形象的构成主要包括高校整体形象、领导形象、师生形象以及学术形象。

1. 高校整体形象

高校整体形象是高校借助自媒体和大众媒体传递给社会公众，并给社会公众留下的综合印象。高校的整体形象包括高校的地理位置、校园规模、占地面积、校园风貌、标志性建筑物、学科设置和科研设置，以及高校的历史、精神面貌、价值观念、凝聚力、校徽、校训等。

2. 高校领导形象

一个好校长就是一所好学校。高校校长在高校发展中起着极其重要的作用。除了高校校长之外，整个高校领导层的形象在现代大学建设中起着极其重要的作用。高校领导的文化素养、专业素养、道德素养、性格、行为举止等，均对高校形象的建设和传播起着至关重要的影响。

例如，清华大学梅贻琦在担任清华大学校长期间推动了清华大学的快速发展，他不仅带领清华大学完善了内部制度建设，还推动清华大学完成了从一般文理科大学向高水平多科型综合性大学的转轨，为清华大学奠定了发展方向，推动清华大学逐渐成为全国最主要的学术中心之一。

新时代媒介传播中的高校领导形象不仅指高校校长的个人形象，还指高校领导班子的整体形象。

新媒体时代的到来，使得大众传播进入“人人都有麦克风”的年代。新时代，伴随着新媒体技术的不断发展，高校领导者更应当注重自身的媒介形象，随时随地在自媒体和大众媒体面前保持良好的媒介素养，以对高校媒介形象传播起到积极的推动作用。

现阶段，我国高校领导干部存在缺乏对新媒体特性的认知、缺少对新媒体建设的重视、缺乏对新媒体规律的掌握等问题，因此未来应进一步提升高校领导干部的媒介素养，尤其是新媒体媒介素养。

3. 师生形象

高校师生是一所高校的构成主体，也是一所高校形象的重要组成部分。高校师生形象是高校媒介形象的主要构成要素之一。新时代，随着我国信息传播技术的提升，以及自媒体的存在，高校师生方方面面的表现均有可能传播至社会上。

例如，近年来伴随着短视频平台的崛起，人们随时随地均可以拍摄和发布以高校师生为主体的短视频，其中往往反映着高校师生的各个侧面的形象。而高校师生的形象与高校形象息息相关。人们通常从个别高校师生的形象联想到其所在高校的形象。

近年来，高校教师的媒介形象类型主要可以划分为工作形象、个人生活形象和社会形象三种类型（见表 5–3）。

表5–3　高校教师媒介形象类型一览表

类型	媒介形象	新媒体报道
工作形象	爱岗敬业形象	2017 年 9 月 8 日，《人民日报》微博报道《西安一花甲老师脚部骨裂，拄双拐坚持上课》；2017 年 12 月 16 日，《南方都市报》微博报道《中国好老师！重感冒不能发声的他打字上课，没上课的学生悄悄赶回》；2019 年 5 月 19 日，《中国新闻网》微博报道《大学开“土豪课”，选课就发苹果电脑？ 教授：系课程常规手段》等等
	学术造假形象	2019 年 7 月 6 日，《人民日报》微博报道吉林一高校副教授论文涉嫌抄袭，校方启动调查程序等
个人生活形象	品德高责任心强形象	2017 年 9 月 22 日，《南方都市报》微博报道《大学副教授带 85 岁母亲上课 4 年，学生报以掌声》等
	品德不端形象	2015 年 9 月 22 日，《中国新闻网》微博报道《南京名校外籍教师当街殴打六旬老人》等
社会形象	为社会作贡献形象	2019 年 11 月 4 日，《南方都市报》微博报道《广工 96 岁老教授连续 13 年用退休金资助学生，累计捐款近 28 万》等
	违法犯罪形象	2015 年 12 月 8 日，《人民日报》微博报道《大学教授大闹航班，致 3 民警受伤，已被解聘》等

从上表中可以看出，高校教师的媒介形象存在积极和消极两种类型，无论哪一种类型的媒体报道中均不可避免地涉及高校教师所在的学校。从中可以

看出，高校教师媒介形象与高校形象之间存在着极其紧密的关系；高校学生形象也是如此。新时代，高校师生应不断提升自身的媒介素养，进而提升高校师生的媒介形象。

4. 学术形象

高校的学术地位和影响力是高校形象的重要组成部分。高校的主要任务之一即进行学术研究。因此，高校拥有高水平的学术成果，经典的学术著作或发明专利，等等，均会在较广泛的范围内彰显高校的学术形象和科研实力，同时起着塑造高校媒介形象的重要作用。

一旦高校师生被曝光进行学术造假，将严重影响高校的媒介形象，导致社会各界对高校产生不良印象，不利于高校的长远发展。

（二）高校媒介形象的表现特点

新时代，高校媒介形象的表现特点主要包括碎片化、不稳定性特点和重构性特点两个部分。

1. 碎片化和不稳定性特点

新时代高校媒介形象以新媒体为主，无论微信、微博、网络游戏平台还是短视频平台，均对用户发布的内容长短存在较强的限制，受现有新媒体传播平台的影响，新时代高校媒介形象呈现出碎片化的特点。

除此之外，由于近年来网络舆情事件的增多，高校形象是一个综合性较强的整体概念，所涉及的内容较为丰富，任何负面化的内容均可能对高校形象产生不良影响，因此高校媒介形象呈现出不稳定性的特点。

2. 重构性特点

高校媒介形象的重构性在这里主要指随着我国高校对品牌形象的重视，高校媒介呈现出重构性特点。例如，随着短视频平台的兴起，高校形象传播相关部门，以及高校学生在短视频平台上发布了大量涉及高校生活和学习方方面面的视频，使得社会大众进一步了解高校形象，对高校进行客观性和整体性的评价，因此具有较强的重构性特点。

二、新时代高校形象传播原则

新时代高校形象传播应坚持互动性、个性化原则。

（一）互动性原则

网络媒介以数字技术作为支撑，打破了传统媒体的单向传播功能，实现了传播的交互性。在网络传播过程中，用户可以随时随地通过各种形式与信息的发布者进行沟通与交流。此外，用户还可以对感兴趣的信息进行转发，从而形成信息的二次传播，扩大信息的影响人群。

新时代高校形象传播中的重要媒介即是网络媒介，尤其是以微博、微信和短视频平台为主的新媒体媒介。因此，新时代高校形象传播中应坚持互动性原则。

新媒体时代高校形象传播坚持互动性原则，有利于激发广大网络用户的兴趣和参与欲望，有利于提升用户对高校形象的认同。高校形象传播者通过与用户的互动，收集用户的反馈信息，一方面有利于及时发现高校形象的不足，并采取措施引导公众更加积极、全面地认识高校，提升高校形象的知名度和美誉度；另一方面，高校形象传播坚持与用户进行互动，有利于用户进行二次传播，提升高校形象传播受众范围，从而达到提升高校形象传播效果的目的。

新时代高校形象坚持互动性原则，主要可从以下几个方面着手。

1. 研究公众心理，以公众喜爱的方式呈现信息

近年来，随着我国微信、微博和视频平台等用户信息管理的规范性不断提升，尤其是新媒体平台大力推广实名制以来，我国新媒体用户的虚拟性情况得到了较大改善。高校自媒体后台可以对关注新媒体的粉丝的年龄、性别、属地、受教育程度等信息进行分析，从而对关注高校自媒体的用户进行精准画像，并且对用户画像进行分析。从用户的喜好着手，对信息的标题和呈现形式进行调整，以便引发用户的兴趣，引导用户对高校自媒体信息进行评论和转发。

2. 通过提问等方式与用户进行互动

高校官方新媒体与用户进行互动时，可以通过设置问题的形式，激发用户的参与性和答题性，从而达到与用户进行互动，建立良好的媒介形象的目的。除此之外，还可通过转发抽奖的形式促进高校信息的二次传播，增加与用户互动。

3. 借助话题形式与用户进行互动

高校官方微博可以通过发起话题的形式与用户进行互动，在此过程中将高校的品牌形象以润物细无声的形式融入其中。长此以往即可达到提升用户对高校品牌形象的认同度，提升高校形象的知名度和美誉度的目的。

例如，2017 年，西安交通大学在北京化工大学校庆之际，发布了“北京化工大学 59 周年校庆”的话题，为北京化工大学庆祝校庆，倡导两校友谊长存。该话题引发了大量用户参与，较好地塑造了西安交通大学开放、友好的媒介形象。

4. 通过语言风格进行互动

高校官方自媒体的语言风格应塑造高校正面、积极、向上的形象，同时还应营造平等、轻松的互动氛围，以接地气的语句、情绪化的表达拉近高校与用户之间的关系，引发用户的评论与转发。

（二）个性化原则

个性化和特色化是新时代高校在众多同类高校中脱颖而出的重要法宝。不仅在建设高校形象时应坚持个性化原则，在高校形象传播中也应坚持个性化原则。

高校形象传播的个性化原则可从以下几个方面着手。

1. 传播个性化高校精神

高校精神是在高校发展中逐渐形成的，不同高校的性质、教学理念、发展方向、人才培养目标不同，高校的精神也不相同。个性化高校精神不仅能够起到增强高校师生凝聚力、体现高校发展的时代特征和历史文化的作用，还有助于高校建立和传播个性化品牌。

以石河子大学为例。石河子大学位于新疆石河子市，由 1949 年中国人民解放军第一野战军创建的第一兵团卫生学校发展而来，1996 年由原石河子医学院、石河子农学院、兵团师范专科学校、兵团经济专科学校合并而成，该校属于由教育部和新疆生产建设兵团共建学校。由于该校独特创办过程，形成了独具特色的兵团精神和胡杨精神。

在传播高校形象时，石河子大学将兵团精神和胡杨精神融入高校各种元素中。例如，在石河子大学校庆活动中，制作的宣传片、校庆文艺汇演节目，以及校庆报道中均突出了兵团精神和胡杨精神，给受众留下了深刻印象。

2. 注重高校个性化特色学科

高校形象传播中应当注重对高校的个性化特色学科进行传播。个性化特色学科直接体现和反映着高校的教学质量和科研水平，是高校形象的重要组成部分。

新时代，随着“双一流”建设工程的实施，高校个性化特色学科建设将迎来前所未有的良好发展机遇。特色学科一般具有较强的地域性、特色性、选择性、应用性和创新性特点。在高校形象传播中注重高校个性化特色学科宣传，能够起到事半功倍的作用。

3. 开展个性化活动

个性化活动，在这里主要指活动传播。活动传播是高校形象传播活动的重要手段，通常能够集中展现高校的独特形象。高校的个性化活动传播类型多样，包括学术性活动、文化交流活动、毕业典礼活动、毕业设计展活动、毕业汇报演出活动、高校周年庆活动等。

以高校周年庆活动为例。在高校周年庆活动中，高校的形象能够得以较为全面且集中地展现。以石河子大学 70 年校庆活动为例（见表 5-4）。

表5-4 石河子大学70年校庆活动传播分析

类别	工作	内容
理念识别	宣传报道工作	1. 大众媒体上发布相关的校庆文章或视频 2. 高校自媒体开设校庆专栏；校庆庆典宣传报道对校庆工作进行全方位报道
	氛围营造工作	媒体上发布校庆公告；进行校园翻新，以及校园布置任务
	征文工作	以“热爱祖国，共建和谐，恭贺母校”等为主题进行征文活动
行为识别	制作宣传片	通过调研，提出不同种类宣传片的设计方案以及撰写宣传片脚本
	校友风采	对杰出校友和典型事迹进行宣传，做好各方校友的校外代表工作
	完善校史馆	修建以及翻新校史馆，搜集各方资料完善校史
	校庆晚会	根据高校本身的特色对晚会命名，本校师生自编、自导、自演
	校庆网站建设	制作校庆专题网站挂在官网首页，主要是校庆活动流程、节目特色、杰出校友等
视觉识别	纪念品设计	选择具有代表高校形象以及大事件与第三制作方协商，做好纪念品制作工作
	晚会视觉策划	在晚会活动中设计具有特殊意义或独特性的标志，用以快速分辨，并加深观众记忆
	校庆标识	网上征集、投票，通过师生评选、领导会议等最后确定校庆标识
	领导题词	完成题词准备工作，起草给兵团、自治区、中央等邀请领导题词函

从上表中可以看出石河子大学70周年庆活动涉及的内容十分广泛，是石河子大学的一次盛大的传播活动，充分利用了各种社会资源，有效提升了高校形象传播效果。

4. 充分利用高校自媒体进行高校个性化形象传播

高校自媒体平台是高校形象传播的主要渠道，新时代高校形象传播中应当充分利用自媒体平台进行传播，以提升高校的品牌美誉度和传播力。

第三节　新时代高校形象传播的价值

高校形象传播是高校形象管理的重要一环，也是高校影响力不可或缺的环节。本节主要对新时代高校形象传播的价值进行详细分析。

一、提升高校凝聚力

良好的高校形象既能够增强高校师生员工对高校的认同，又能赋予学校师生员工荣誉感、自豪感与归属感。这是高校形象对内部产生的作用之一。良好的高校形象能够促使本校师生深切感受到强烈的荣耀感和归属感，可以提高师生自尊心和自信心，激发他们为学校争光和服务热情，并提高他们工作的积极性、主动性和创造性；能够汇聚全校师生的向心力和凝聚力，使其在各自的岗位和职责上发挥自己的智力和能力，形成爱岗敬业、争先创优的良好局面，从而推动高校教育事业的发展。

人们的认知具有一定的局限性，高校形象传播可以充分展现高校的各个形象侧面，有利于高校师生充分了解高校形象，从而提升高校师生的凝聚力。

以高校校庆活动为例。高校校庆活动是一种对于学校标识、学校精神和学校文化加以条理化、规范化和仪式化的过程。这些活动仪式可以帮助参与者们梳理清楚和自己日常经历、生活相关的经验，使得仪式参与者们体会到一种再生和净化之感，从而唤起高校师生内心深处对高校文化的认同。

校庆仪式是情感寄托的载体。在校庆的仪式场域之中，通过人人互动、人物互动和物物互动，人们的情感更容易被激发出来。因为情感有着记忆的经验，人们通常能将校庆仪式中的细节和自身经历自然相连接，从而产生移情、共鸣和凝聚的效果。在高校校庆之际，其历届毕业生跋山涉水、不远万里返校参加校庆活动。校庆的特殊场域和氛围能够激发高校师生共同的经历和回忆，最终形成一种特殊的情感共鸣，即对母校的认同情感，从而有利于提升高校师生的凝聚力。

又如，在校庆活动中，高校通常会对本校的校史进行宣传和展览，这为高校学生提供了详细了解本校校史的机会。而学生在参观校史馆、了解校史的同时能够加强学生对高校的了解，从而唤起学生对高校的认同感，提升高校师生的凝聚力。

此外，在高校校庆活动中，高校主办方通常会为本校的杰出校友颁发荣誉，这样也可以激起高校师生的认同情感（见表 5-5）。

表5-5 厦门大学校庆活动一览表

时间	活动	地点
4 月 2 日	德旺图书馆壁画揭幕	翔安校区德旺图书馆
4 月 3 日	厦门大学校歌石揭牌	马来西亚分校三角梅园
	厦门大学法学院扩建工程（法学图书馆）交地及开工	思明校区法学院扩建工程现场
	厦门大学校史展（翔安校区）开展	翔安校区德旺图书馆
	厦门大学玉石浮雕揭幕	思明校区科学艺术中心二楼大厅
	“流金岁月百年厦大”光影秀首秀	思明校区嘉庚广场芙蓉湖圆形广场
	歌剧《陈嘉庚》首演	思明校区科学艺术中心音乐厅
4 月 4 日	清明节敬献花篮仪式	集美鳌园、思明校区、翔安校区、漳州校区
	“华侨旗帜民族光辉——陈嘉庚生平事迹展”开展	漳州校区至善广场
4 月 5 日	“重走嘉庚路、致敬新时代”主题展览揭幕	思明校区科学艺术中心音乐厅
	厦门大学翔安校区新工科研发大楼落成	翔安校区新工科研发大楼工程现场
	厦门大学翔安校区中部学生餐厅奠基	翔安校区中部学生餐厅工程现场
	厦门大学与福建省九市一区校地战略合作 2021 年工作会议	翔安校区德旺图书馆 2 号报告厅

续表

时间	活动	地点
4 月 5 日	“21 世纪海上丝绸之路”大学联盟理事会会议	思明校区科学艺术中心 1 号会议室
	国际中文教育论坛	思明校区科学艺术中心 7 号会议室
	“八闽园”开园	翔安校区八闽园
	高效、清洁、可持续动力引擎——空气能发动机科研成果发布会	翔安校区综合体育馆南广场
	中外大学校长论坛	思明校区科学艺术中心 4 号会议室
4 月 6 日	升国旗仪式	思明校区、翔安校区、漳州校区
	《厦门大学建校一百周年》纪念邮票发行	思明校区克立楼、厦门大学校园文创主题邮局
	庆祝厦门大学建校 100 周年大会	思明校区建南大会堂
	厦门大学海的教学园区二期工程（德旺商学院、电影学院、综合文体中心）开工	思明校区海韵二期工程现场
	人文社会科学国际论坛开幕式	思明校区科学艺术中心 4 号会议室
	新冠防控策略与疫苗研发——钟南山院士专题讲座	思明校区建南大会堂
	“南方之强”厦门大学庆祝建校 100 周年文艺晚会	思明校区上弦场
4 月 7 日	侨与厦大百年——海内外侨界高峰论坛暨厦门大学“华侨之家”改造落成揭牌	思明校区科艺中心多功能厅、华侨之家
	嘉庚论坛	思明校区科学艺术中心音乐厅
	厦门大学化学学科创建 100 周年暨化工系创办 30 周年庆祝大会	思明校区建南大会堂
	厦门大学百年校庆全球校友招商大会	厦广国际会展中心鹭江厅
	两宋文明之谜——易中天先生专题讲座	翔安校区综合体育馆

续表

时间	活动	地点
4 月 7 日	学习贯彻习近平法治思想——徐显明教授专题讲座	思明校区科学艺术中心报告厅
	厦门大学校友馆揭牌开馆	思明校区大南 6 号
4 月 8 日	中华文明的奠基者与青春志——易中天先生专题讲座	思明校区建南大会堂
4 月 10 日	2021 厦门马拉松赛厦门大学 100 周年校庆专项赛	厦门市

从上表中可以看出，2021 年厦门大学 100 周年校庆活动极其丰富，除了上表中所列的活动之外，厦门大学 100 周年之际在校庆期间还举行了大量的学术活动，涉及人文社科、理工医科等科目，以及大量精彩的院系活动。这些活动大多集中于 4 月 2—10 日，短时间内密集而丰富多彩的校园活动能够在校庆这一特定时间内激发高校师生对高校文化的认同，从而提升高校师生的凝聚力。

二、彰显高校个性

良好的高校形象对于提升学校品牌、扩大学校的知名度和美誉度有着推动作用。形象的重要标志就是要具有个性，形成自己的特色并转化为自身的优势。当今我国高校数量众多，办学质量参差不齐，因此开辟一条独具特色、彰显个性发展之路是今后高校竞争的发展之路。如果所有的高校相互模仿，千校一面，无疑是失败的高校教育体系。高校与众不同的个性和特色是教学水平、办学实力的象征和代表。因此，良好的形象对高校展现自身个性和特色及高校的发展起着不容忽视的作用。

以高校形象宣传为例。高校形象宣传片是高校形象宣传的“视觉名片”，高校宣传片能够利用有限的条件，最大程度地向外界介绍高校的历史文化、人文精神、办学理念等信息，能够引导社会各界人士了解高校、认识高校。这样既能省却逐个介绍的烦琐步骤，又可让大众放松自在地了解到高校的历史文化、综合实力、精神风貌和发展现状，在传播高校品牌时彰显了高校个性。

再以高校校庆活动为例。高校校庆活动是高校的重大活动，通常蕴含着独特的高校文化和高校精神。校庆仪式不仅是一种行为文化和制度文化，更是抽象层面的观念文化。将日常的校园改造为仪式场域，并将现实的关系转化为

情感力量，可使人们在更高的层面上实现文化认同。在校庆仪式中，校友、在校师生、仪式环境和象征符号营造了传播、弘扬高校校园文化的氛围，形成了传承文化的无形力量。

一般而言，不同高校的校庆活动内容和仪式不同。以 2021 年厦门大学建校 100 周年校庆院系活动为例。厦门大学学生在校园中开展了芙蓉隧道涂鸦活动，翔安校区井盖 DIY 活动，校庆影像征集活动，校园十大歌手赛活动，“校庆杯”篮、足球比赛活动等。这些活动具有较强的参与性和创意性，不仅能够彰显厦门大学师生的独特个性，而且能够让学生在参与活动的过程中充分感受到内心深处对高校的情感，从而提升高校师生的凝聚力。

三、增强高校竞争力

市场经济时代，高校办学性质趋于多元化，除了公办性质的高校外，民办高校的数量日益庞大，外国及其他地区的高校在我国招生数量日益增长，高校之间的竞争也日趋激烈。高校的发展竞争来源于多方面，既包括招生生源、教学水平、人才培养质量等方面的竞争，更包括科研项目的获得、政府资金支持、社会捐资助学等方面的竞争。良好的高校形象有利于高校获得办学资源，有利于引进高层次高水平人才，有利于获得政府和社会的支持。高校的形象对其生存、发展至关重要，将会影响高校的发展竞争力。

一方面，教育消费者一般会将高校，尤其是声誉高的名校的声誉价值附着于个人价值，这在一定程度上实现了个人的价值的增值。在这个层面上来讲，高校声誉管理有助于吸引优秀人才。另一方面，选择知名度高、声誉好的高校，对教育消费者而言，意味着在未来的人才市场竞争中处于相对优势；对教育者而言，意味着拥有了良好的教学科研条件、较为丰厚的薪酬、较高的社会声望以及良好的发展机遇和广阔的发展空间；对教育投资者而言，则意味着较低的投资风险和较高的投资回报率。

综上所述，高校形象传播具有增强高校师生凝聚力、提升高校形象个性、增强高校发展竞争力等功能。

第四节　新时代高校形象传播的创新策略

新时代高校形象传播是高校构建品牌、增强凝聚力、提升软实力的关键。本节主要对新时代高校形象传播的创新策略进行详细分析。

一、加强高校自媒体传播

新时代，随着互联网信息技术的发展，自媒体平台的类型越来越多样化，为高校形象传播提供了良好的平台。高校自媒体传播具有较强的自主性，传播效果好。在新时代高校加强自媒体传播，具体应从以下几个方面着手。

（一）加强自媒体平台的联合互动，形成媒体矩阵

一个主体拥有多个微信公众号、微博号，通过集群展示，方便订阅用户迅速了解一组公众号和微博，同时点击各公众号和微博即可完成关注，即是微信矩阵和微博矩阵。

高校自媒体平台之间往往存在其他自媒体平台的入口。例如，清华大学、复旦大学、浙江大学、西安交通大学、南开大学、华中科技大学、复旦大学等高校均在官方网站设置了其他自媒体平台的入口链接（见图 5-7、图 5-8）。

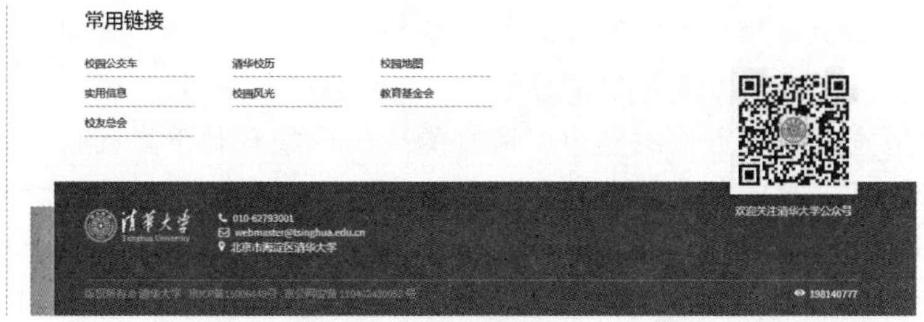

图 5-7　清华大学官网微信链接入口示意图

图 5-8　复旦大学官网其他自媒体平台链接入口示意图

从以上两图可以看出，清华大学和复旦大学的官网底端均设置了其他自媒体平台的链接。其中，复旦大学的自媒体平台数量颇多，已形成了自媒体平台矩阵。

由于不同自媒体平台的特点不同，将多种自媒体平台结合起来可以形成纵向的矩阵。所有的官方自媒体和官方二级自媒体共同组成一张三维的品牌传播大网，有利于提升高校品牌传播效果。

（二）坚持合理的发布频率，形成高校自媒体个性

高校不同自媒体平台应根据平台特点保持合理的发布频率，所发布内容应形成高校自媒体个性。以微信平台为例，不同高校的微信公众号栏目的设置不同，这体现了高校独特的新媒体个性（见表5–6）。

表5–6　部分高校微信平台栏目设置对比一览表

<table>
<tr><th>高校名称</th><th>一级栏目</th><th>二级栏目</th></tr>
<tr><td rowspan="3">清华大学</td><td>清华主页</td><td rowspan="3">—</td></tr>
<tr><td>校园导览</td></tr>
<tr><td>参观清华</td></tr>
<tr><td rowspan="3">复旦大学</td><td>信息查询</td><td>复旦主页
复旦微博
新闻信息
招生就业
讲座信息</td></tr>
<tr><td>号内搜</td><td rowspan="5">—</td></tr>
<tr><td>微信矩阵</td></tr>
<tr><td rowspan="3">浙江大学</td><td>浙大主页</td></tr>
<tr><td>查询大厅</td></tr>
<tr><td>集能量卡</td></tr>
<tr><td>中山大学</td><td>校园服务</td><td>中大校报
图书馆
场馆预订
中大校历
校园导览</td></tr>
</table>

续表

高校名称	一级栏目	二级栏目
中山大学	精彩栏目	光影 筑事 壁纸 师说学子说 精彩视频
	联系我们	联系邮箱 加入我们 开通公众号流程

从上表中可以看出，不同高校所设置的栏目名称不同，有的较为简单，有的则较为详细；有的有二级目录，有的则没有二级目录，这体现出高校的个性化形象。

（三）坚持趣味性和时效性兼顾的原则

在网络新媒体时代，高校信息传播具有海量性特点。如果高校自媒体平台所发布的信息缺乏趣味性和时效性，则无法抓住公众的眼球。

在高校官方微博和微信公众号的推文中，占比最大的是时事趣闻类信息。浏览这类推文可以发现，大多数时事趣闻既是大众感兴趣的话题，也是新近发生的一些新闻。因此，新时代高校自媒体平台在信息发布中应坚持趣味性原则，兼顾时效性。

（四）重视关系构建，塑造高价值朋友形象

高校自媒体平台运营团队也会给高校微信公众号起一些昵称，以拉近品牌与受众的距离，如中南大学的推文《小南说法 | 这篇图文与 100% 的中南人有关！》自称“小南”；又如西安交通大学的推文《不可以拒绝仙交大的 N+1 个理由！一起来“追星”吧！》自称“仙交大”；华中科技大学自称“小科”；等等。

除此之外，在高校自媒体运营中除了注重关系构建之外，还可以把高校品牌塑造成高价值的朋友的形象，以提升高校品牌形象（见表 5–7）。

表5-7　高校微博内容类属一览表

序号	微博内容类属	具体信息
1	信息提供	品牌信息 事务信息
2	关系构建	问候感谢 时事趣闻 反馈回复 提问互动 知识哲理
3	行为引导	关联推荐 口碑宣传 呼吁公益 投票转发 招生招聘 生活服务

二、充分发挥校友力的作用

高校在办学过程中培养出了大量杰出的人才，这些人才走上社会后，在为社会作贡献的过程中，可以借助各种方式对高校形象进行传播。高校校友力主要表现在高校校友个人成就的社会影响和校友捐赠方面。

高校校友个人成就主要表现在高校杰出校友的声望方面。例如，高校毕业校友获得诺贝尔奖等国际知名奖项，或出任国家领导人、两院院士、世界 500 强领导人等将极大地提升高校的形象和声望。

以诺贝尔奖为例。诺贝尔奖成立百年来，始终是全球范围内最受瞩目的科学荣誉。诺贝尔奖获得者通常会受到世界各国的瞩目，其所毕业院校或从属院校也将获得良好的声誉。

纵观 1901—2019 年，全球诺贝尔奖获得者（包括毕业生及职员）最多的大学也被公认为世界一流大学（见表 5-8）。

表5-8　1901—2019年部分全球诺贝尔奖获得者所属大学

序号	大学	获奖人数
1	哈佛大学	160
2	剑桥大学	120

续表

序号	大学	获奖人数
3	加利福尼亚大学伯克利分校	107
4	芝加哥大学	100
5	哥伦比亚大学	97
6	麻省理工学院	96
7	斯坦福大学	83
8	加州理工学院	74
9	牛津大学	71
10	普林斯顿大学	68
11	耶鲁大学	62
12	康奈尔大学	61
13	柏林洪堡大学	55
14	巴黎大学	50
15	哥廷根大学	45
16	慕尼黑大学	42
17	哥本哈根大学	39
18	纽约大学	39
19	约翰霍普金斯大学	37
20	洛克菲勒大学	36
21	宾夕法尼亚大学	36
22	伦敦大学学院	33
23	苏黎世联邦理工学院	32
24	伊利诺伊大学香槟分校	30
25	明尼苏达大学	30
26	海德堡大学	27

续表

序号	大学	获奖人数
27	圣地亚哥加州大学	27
28	威斯康星大学麦迪逊分校	25
29	密歇根大学	25
30	曼彻斯特大学	25

从上表中可以看出，诺贝尔奖获得者数量最多的学校在世界上形象和声誉相对较高。尽管这只是影响高校形象的一项因素，但对提升高校品牌形象起着极其重要的作用。

新时代，高校应加强对杰出校友的管理，充分利用杰出校友的影响力提升高校影响力。具体来说，可从以下几个方面着手。

（一）突出高校特色学科领域的杰出校友优势，传播高校品牌形象

高校对杰出校友进行宣传，利用杰出校友声誉提升自身声誉时，可侧重特色学科或重点学科。

例如，清华大学和北京大学均为我国知名大学，然而两者所侧重的特色学科领域不同。

又如，湖南大学、湘潭大学均属于“双一流”高校，但两者的特色学科却并不相同。其中湖南大学的化学、机械工程、电气工程入选“双一流”学科，而湘潭大学的数学学科入选“双一流”学科。这两所高校在进行杰出校友传播时即可从各自特色学科着手进行高校形象传播。

（二）建立高校杰出校友资料库，传播高校品牌形象

新时代利用高校杰出校友传播高校品牌形象能够起到良好作用，在借助高校校友传播时应建立高校杰出校友资源库，只有这样才能明确高校杰出校友的数量、领域、特点等。

具体来说应当遵循两个原则，即为校友服务设立高质量计划和根据学校的需要提供服务。

以湖南大学为例。湖南大学十分重视校友工作，早在 1986 年就成立了校友总会，确立了校友总会的工作宗旨：服务校友，服务母校，服务社会；关爱校友，支持校友的事业发展，增强校友归属感；凝聚校友力量，助力母校建设

成为中国特色世界一流的高水平大学；发挥桥梁和纽带作用，促进母校与地方以及校友之间的合作共赢；加强联络，增进友谊，促进交流，构建高质量的校友组织网络；创建校友和母校相互关心、共同发展的校友文化。

此外还制定了校友总会章程，以凝聚校友力量，助力母校建设成为中国特色世界一流的高水平大学而努力。新时代高校在进行杰出校友宣传时还可以借助网络自媒体对高校杰出校友进行展示。

（三）定期举办校庆，对高校校友进行宣传

高校校庆既是一种学术传承，又是一种社会传承。此外，高校校庆具有较强的社会凝聚力和传播效果。纵观世界各大名校均十分重视校庆活动。在校庆活动上对杰出校友进行颁奖，能够借助校庆的传播力提升高校知名度。

例如，北京大学在110周年暨“985工程”十周年大会上向10位北大校友雷洁琼、任继愈、吴阶平、王忠诚、胡亚美、于敏、钟南山、周光召、樊锦诗、邓朴方颁发了杰出校友奖。

又如，2009年上海交通大学在举办113周年校庆时为钱学森等杰出人物颁发了“杰出校友终身成就奖”。

综上所述，高校杰出校友在社会上具有较高的影响力，新时代高校充分发挥杰出校友资源的作用，能够不断提升高校形象传播的影响，提升高校声誉。

第六章　新时代高校形象维护研究

第一节　新时代高校形象维护主体研究

高校形象是高校的无形资产，高校形象维护是高校形象管理的重要构成要素，也是关系高校形象能否长久的关键。高校形象的维护主体主要由高校领导层、高校教师、高校学生和高校其他工作人员构成。他们既是高校建设和传播的主体，也是高校形象维护的主体。本节主要对新时代高校形象维护主体进行研究。

一、高校领导

高校领导是高校发展的舵手，在高校形象建设、传播和塑造中起着十分重要的作用。高校领导层作为高校形象的维护主体之一，一方面应加强对自身形象的维护，另一方面应从制度层面做好高校形象维护。

（一）高校领导形象维护

高校领导形象是高校形象的重要组成部分，高校领导的魅力和成就能够为高校形象增光添彩。然而一旦高校领导的形象受损，高校的声誉也会受到一定的损害。

新时代，社会化媒体，尤其是网络新媒体技术的快速发展，对高校领导形象的维护提出了新的挑战（见表 6–1）。

表6–1　新时代领导形象面临的挑战一览表

序号	网络新媒体特点	领导形象的新挑战
1	网络新媒体的公开性	公众对高校领导形象期待更高
2	网络新媒体的动员性	领导形象置于公众监督之下
3	网络新媒体的放大性	领导形象危机加剧
4	网络新媒体的建构性	对领导形象媒体公关提出新要求

针对新挑战，新时代高校领导在塑造和维护自身形象时，应着重从以下几个方面着手。

1. 领导品德

高校领导应具备高尚的道德，而高尚的道德也是高校领导者形象塑造和维护的基础。高校作为培养新时代高素质人才的重要场所，要求领导者和教师队伍均具备较高的道德素养。

道德素养的高低直接决定着高校领导者的个人修为、精神状态、情趣品位、影响力和感召力。

纵观中外著名高校的校长一般均具有较高的领导品德和个人魅力。例如，原北大校长蔡元培即以高尚品德和独特的个人魅力著称于世，这吸引了大量杰出的人才汇聚至北京大学，对北京大学兼容并包以及学术自由的良好校风的形成起到了重要的推动作用。新时代高校领导应不断提高自身品德，以高尚的品德影响他人，树立和维护魅力型领导形象。

2. 领导能力

领导能力在这里指高校领导的管理能力和专业能力。领导能力是一种实践性较强的综合素质，在很大程度上影响着高校领导的形象。新时代，高校领导应不断提升个人的领导能力，树立和维护精英型领导形象。

3. 领导实绩

领导实绩是指领导者行使岗位职权、从事领导行为所取得的实在成效，是公众最为信服并最终决定领导形象的一个重要指标。高校领导者应当以推动高校良好、可持续发展为己任，不断推动高校取得新的成就。例如，带领高校创建国际一流高校或建设国际一流学科等。新时代高校领导应踏实肯干，树立和维护公仆型领导形象。

4. 领导作风

领导作风是指高校领导在实际工作和生活中所体现和展示出来的精神状态。高校领导作风与高校领导形象之间存在着密切联系，新时代高校领导应在工作中树立良好的作风，树立和维护自身的求实型领导形象。

5. 领导者媒介素养

新时代高校朝着多元化的趋势发展，高校领导作为高校发展的带头人和领航者应在落实各项高校工作的同时，积极提升自身的媒介素养，化身为高校形象的传播者和维护者，树立和维护开放型领导形象。

（二）制定和完善高校形象维护制度

新时代高校领导者除了维护自身形象之外，还应当制定和完善高校形象维护制度。近年来，受社会和高校各方面因素的影响，高校突发事件增多，高校形象维护面临着较大困境。对此，我国高校应加强制定和完善高校形象维护制度。具体来说，应当进一步健全高校新闻发言人制度，积极应对各种突发事件，以维护高校形象，提升高校品牌的美誉度。

高校新闻发言人制度是在我国新闻发言人制度的基础上形成的。

2006 年，教育部举行新闻发布会，明确提出全国高等院校应设立新闻发言人，建立新闻发言人制度。此为我国高校新闻发言人制度的肇始。

2010 年，教育部出台《高等学校信息公开办法》，加强高校信息公开规范，对高校信息的公开内容、公开途径和要求、公开信息过程中的监督和保障进行了详细规定。此后，各地方教育厅等相关部门相继出台了地方高校新闻发言人政策，推动了我国高校新闻发言人制度的发展。

高校新闻发言人制度要求高校设立专门的新闻发言人，对高校信息进行传播。高校新闻发言人制度有助于高校与外界的沟通，也有利于高校自身形象的维护。

二、高校教师

高校教师是高校形象建设和传播的主体，也是高校形象维护的主体之一。高校教师作为高校教学和科研工作的主体，其素养直接关系着高校的教学质量和科研水平。新时代高校教师作为高校形象的维护主体应从以下两个方面着手。

（一）高校教师自身形象的维护

高校教师形象是高校形象的重要组成部分，高校教师自身形象受损，也会危及其所在高校的形象。因此，新时代高校形象维护中，高校教师应对自身形象进行维护。

高校教师形象涉及高校教师学历形象、仪表形象、教态形象、语言形象、师德形象、学识形象、能力形象、学术形象、创新形象等多个方面。

在本书的写作中，笔者主要对近年来澎湃新闻报道高校教师相关议题和内容进行了研究。近年来，网络新媒体中对高校教师的新闻报道主要涉及多个议题（见表 6–2）。

表6-2 网络新媒体报道中高校教师议题和关键词一览表

类别	议题 / 关键词	
网络媒体中高校教师新闻报道议题	（1）离职（2）收入（3）职称（4）师德（5）受害（6）情感生活（7）师生关系（8）学术不端（9）违法犯罪（10）个人品质（11）工作能力（12）其他	
网络媒体报道中的教师形象关键词	正面立场	（1）追求创新（2）爱岗敬业（3）关心学生（4）积极进取（5）无私奉献（6）淡泊名利
	中性立场	除去正面立场和负面立场所包含的议题之外的其余议题
	负面立场	（1）工作能力欠缺（2）违法犯罪（3）师德缺失（4）轻率易骗（5）压榨学生（6）败德辱行（7）学术不端

从上表中可以看出，近年来，网络新媒体中的教师形象既存在正面形象，同时也存在一定的负面形象。其中高校教师的形象报道主要涉及高校教师的道德规范形象（爱岗敬业、关心学生、淡泊名利、违法犯罪、师德缺失、轻率易骗、压榨学生、败德辱行）、学术形象（学术不端）、创新形象（追求创新、积极进取）等方面。

教师道德是教师在从事职业活动时应该遵循的行为准则，具体来说，教师职业行为中的道德规范具体可细分为职业行为中的道德规范、师生关系中的道德规范、人际关系中的道德规范等（见图 6-1）。新时代高校教师在维护自身形象时应先从提升自身道德素养着手。

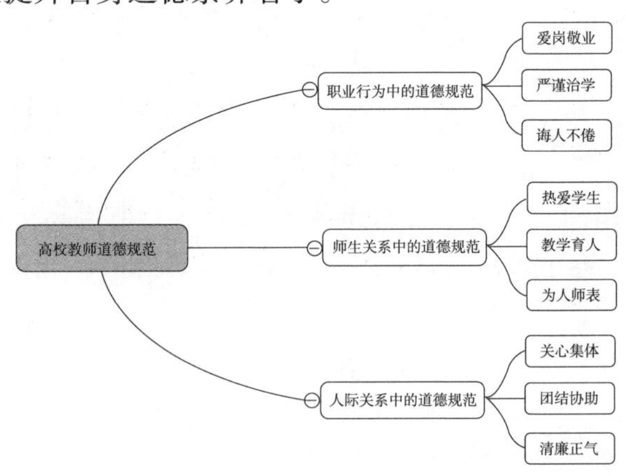

图 6-1 高校教师道德规范示意图

高校教师学术形象的本质与高校教师道德规范之间存在重要联系。高校教师应当具备较强的科研能力。然而，自 2001 年以来，高校教师的学术不端形象频频见诸报端。仅在 2017—2021 年，媒体上就报道了多起高校教师的学术不端现象（见表 6–3）。

表6–3　2017—2021年澎湃新闻网站高校教师学术不端报道

序号	高校教师学术不端事件
1	吉林某高校教师性骚扰学生、学术不端被教育部通报
2	天津某高校通报“教授被举报学术不端”：其本人承认，已解聘
3	科幻圈网友举报副教授新书抄袭
4	某大学对教授学术不端行为进行处分：给予严重警告等
5	某大学：成立调查组调查教师涉嫌学术不端等师德问题
6	某大学附属医院院长博士论文抄袭
7	某大学院长被指学术不端：论文七拼八凑，涉一稿多投

高校教师学术不端现象直接关系着高校教师的整体形象以及高校科研形象，新时代高校教师应不断加强自身的科研素养，提高科研水平，杜绝种种学术不端现象，珍爱和维护自身形象和高校形象。

高校教师创新形象的报道有利于高校教师树立正面形象，同时有利于提升教师所在高校的形象。近年来，随着我国高等教育改革的深化，各高校越来越重视教师的创新素养。新时代，高校教师应加强自身的教育教学能力和科研能力，不断提升自身的创新素养。

（二）高校教师对高校形象的维护

高校教师除了维护自身形象之外，当高校形象受到外界的不正确评价时，还可通过引导公众、及时公布事件真相的方式维护高校的形象。

三、高校学生

高校学生形象是高校形象的重要构成要素，高校学生不仅是高校形象的建设者和传播者，也是高校形象的维护主体之一。高校学生根据是否在校可划分为两种类型，一种是高校在校学生；另一种是高校已毕业学生，即高校校友。

高校在校学生具有规模大、数量多的特点。高校在校学生对高校形象的维护主要表现在两个方面。

（一）高校学生对自身形象的日常维护

传统大众媒体对高校大学生的报道涉及方方面面，这些新闻报道中大学生的形象既存在正面、积极的一面，如大学生创新创业形象、大学生村官形象、大学生见义勇为形象等；也存在消极和负面的一面，甚至存在大学生污名化的现象，如大学生毕业啃老现象、大学生沉迷网络游戏现象、大学生考试作弊现象等。其中，大众媒体的负面报道对维护大学生自身，以及大学生所在高校的形象极其不利。

新时代，随着网络新媒体技术的发展，出现了大量网络自媒体。大学生思想活跃，兴趣广泛，校园活动经验丰富，网络素养较高。高校可借助自媒体重新构建大学生群体形象，避免大众媒介对大学生群体形象的污名化现象，以维护大学生自身形象及其所在高校形象。

以短视频平台为例。短视频平台作为近年来备受大众喜爱的新媒体平台，其创作主体涉及各个社会群体。大学生群体是短视频平台的创作主体之一，通过短视频平台展现学习和生活，成为新时代大学生维护自身形象的主要方式之一。

本书在这里主要以抖音短视频平台为例，对近年来大学生自媒体形象构建进行分析（表 6–4）。

从表 6–4 中可以看出，抖音短视频平台上高校大学生自媒体形象的构建涉及内容呈现出多样化的特点。具体可划分为大学生积极正面形象和消极形象两种类型。

1. 大学生积极正面形象

抖音短视频平台上展现的大学生积极正面形象主要集中展现了大学生中的积极就业者、艰苦创业者形象，大学生热爱公益、无私奉献的形象，认真学习、努力奋进的形象，多才多艺、兴趣广泛的形象，丰富自身、热爱生活的形象，等等。

2. 大学生消极形象

抖音短视频平台上除了展现大学生的正面形象之外，还存在为数不少的以出丑恶搞、刻意卖蠢，以及校园贷等安全意识模糊的主题视频。这些视频大多以宣传安全意识为主，这在客观上体现了部分大学生由于安全防范意识较弱而呈现出来的负面形象。

表6-4　抖音短视频大学生自媒体形象关键词一览表

类别	视频关键词	类别	视频关键词
才艺与兴趣	唱歌	休闲娱乐日常	爱情
	传统文化		服装
	弹钢琴		假期
	汉服		美妆
	滑板		日常
	画画		宿舍
	魔术		游玩
	书法		娱乐
	舞蹈		运动
	舞龙舞狮	学习与科研	考研
	戏曲		科研
各种活动	校级以上比赛		上课
	高校拉歌		学霸
	寒假调研		学习
	纪念活动		训练
	节日活动		专业知识科普
	暑期实践	安全意识	财产安全
	校内活动		消防安全
	校园采访		人身安全
	运动会	搞笑	恶搞
	社团组织活动	奢侈享受	超额购物
鸡汤与激励	奋斗	颓废懒惰	醉酒
	鸡汤		学习不认真
创新创业	创业活动	志愿者	支教
	毕业找工作		公益献血
	面试信息及技巧		图书馆公益活动

从以上分析来看，大学生在自媒体中展现出来的形象有利于纠正社会大众对大学生的刻板印象，从而达到维护大学生自身形象，以及传播和维护大学生所在高校的正面积极形象的目的。从这一视角来看，新时代，高校大学生应进一步提升媒介素养，借助多样化的自媒体手段传播和维护自身以及高校形象。

（二）高校学生在个体性突发事件中对高校形象的维护

大学生正处于人生观和价值观的形成时期，其心理发展尚未成熟，极易受到外界因素的干扰和刺激。近年来，高校个体性突发事件不断，在一定程度上影响了高校大学生的形象，不利于高校形象的维护。

大学生个体性突发事件产生的原因往往较为复杂，与现阶段的社会环境、高校管理、大学生自身的心理健康、家庭教育等方面均存在一定的联系。高校作为大学生学习和生活的主要场所，在新时代应进一步加强高校学生的危机意识教育，提升高校学生的抗压能力，减少高校学生个体性突发事件。

四、高校其他工作人员

除了高校领导人员、教师和学生之外，高校还存在大量工作人员，主要以保安、宿管和食堂工作人员为主。这些高校职工的形象也与高校的整体形象息息相关。

一般而言，高校职工群体的数量与高校师生相比较少，且大多数较少使用自媒体进行表达。因此，这些高校工作人员的形象大多为他人视角的形象，即大众媒体或大学生群体眼中的形象。

现阶段，高校职工在大众媒体中的出现频率相对较低，正负面形象均存在。在这里主要通过人民网、澎湃新闻等媒体报道对高校保安的媒介形象进行分析（见表 6–5）。

表6-5　高校保安媒介形象一览表

形象	类型	新闻标题
积极正面形象	奋斗励志	河北一高校保安路灯下背六级词汇：想充实自己
		李明勇的传奇人生：从校园保安到大学教师
		北大“网红保安”把学习当成了习惯
		保安父亲与女儿考入同一所高校：能照顾她，还能共同进步
		高校邀请厨师、保安为优秀毕业生颁发证书：体现全员育人理念
	爱岗敬业	高校图书馆将闭馆，保安大爷鞠躬道吉祥提醒学生离开
		高校保安术后插管返岗：开学了想看看学生
	品德高尚	高校保安连续 14 天接送骨折女生上课：孩子在外独立生活不易
		大学保安 18 年坚持无偿献血 100 多次，近 5 万毫升
	多才多艺	高校保安宿管化身“Tony”免费帮师生理发
		高校保安校门口举哑铃走红：锻炼身体才能更好胜任工作
		会弹钢琴的贝斯手——这个大学里的宝藏保安大叔有点牛
	温和趣味	可可爱爱！高校保安大叔蹑手蹑脚从背后“偷偷”撸猫
		萌翻！校园里的天鹅排队等保安抱抱
消极形象	行为失当	东莞一高校保安踢打学生？校方：系阻拦校外人员强行进校
		广东海洋大学回应“保安强收摊贩水果”：将依规依纪处理
		山东一高校现保安虐狗事件，校方：已停职，进一步调查中
		一高校学生兼职送外卖被打，校方：保安记大过，学生被批评
		青岛一高校保安被指因外卖掌掴学生，教务处：已协商解决
		四川一高校回应保安粗暴扔外卖：将调查后严肃处理

从上表中可以看出，高校保安的媒介形象大体可划分为积极和消极两种类型。其中，高校保安的积极形象涉及因素较多，体现在多个方面。而高校保安的消极形象则主要体现在行为失当方面。高校保安行为失当的原因归根结底与保安的道德修养有关。

由于大众媒体在对涉及高校保安的新闻进行报道时往往会提及相关高校，对高校形象产生一定的影响，因此，在新时代高校形象维护中，应当进一步加强对保安的职业道德要求，维护高校保安的良好形象，同时维护高校的良好形象。

第二节　舆情管理视域下新时代高校形象维护研究

进入21世纪以来，随着科学技术的快速发展，以互联网信息技术和数字技术为代表的新媒介不断出现，推动了大众传播迈入网络新媒体时代。而随着新媒体为代表的网络媒体的普及以及大量自媒体平台的出现，传统的高校形象传播方式被打破。网络新媒体为高校形象传播提供了良好机遇的同时，也使高校形象维护面临着新的挑战。

尤其是近年来，高校舆情危机事件的频频发生使得高校经常深陷舆情被动之中，为高校形象维护带来了一系列新挑战。本节主要对舆情管理视域下，新时代高校形象维护进行分析。

一、网络舆情的概念及特征

高校舆情是网络舆情的一种，了解高校舆情之前，应先对网络舆情的相关概念和特征进行了解。

（一）网络舆情概念与内涵

网络舆论是在一定的舆情背景下产生的，所谓舆情是指一定时期、一定范围内社会公众对于社会现实的主观反映。[①]

网络舆情从构成方面划分，包括主体、客体、载体、呈现方式、功能、效应等内涵。

1. 网络舆论的主体

网络舆论的主体在狭义上即为与舆论问题相关的网络用户。由于网络用户的身份具有虚拟性的特点，网络舆论呈现出非理性的特征。

2. 网络舆论的客体

网络舆论的客体即是一段时期内网络传播中的社会事件和现象，具有类

① 彭兰．网络传播概论（第四版）[M]．北京：中国人民大学出版社，2017：319.

型丰富，涵盖范围广阔等特点。

3. 网络舆论的载体

网络舆论的载体包括电脑终端和手机终端等所有基于互联网技术传播的媒介形态和应用。

4. 网络舆论的呈现方式

网络舆论通常表现为自下而上的呈现方式，与传统媒体自上而下的舆论呈现方式正好相反。

网络舆论的内容表现可划分为两种类型：一种为网络中的海量信息和报道所引发的网络用户看法及意见的总和；另一种为网络用户就某一社会热点现象进行讨论时所形成的有影响力的言论或情绪的总和。

5. 网络舆论的功能与效应

网络舆论因为反映了广大网络用户的意见或心声，因此具有促进公众参与社会事务，行使监督权利的功能；同时由于网络舆论中存在着大量谣言和虚假信息，故对社会产生了一定的负面影响。

（二）网络舆情的特征

网络舆情具有自由性、交互性、丰富性、偏差性和突发性特征（见图6–2）。

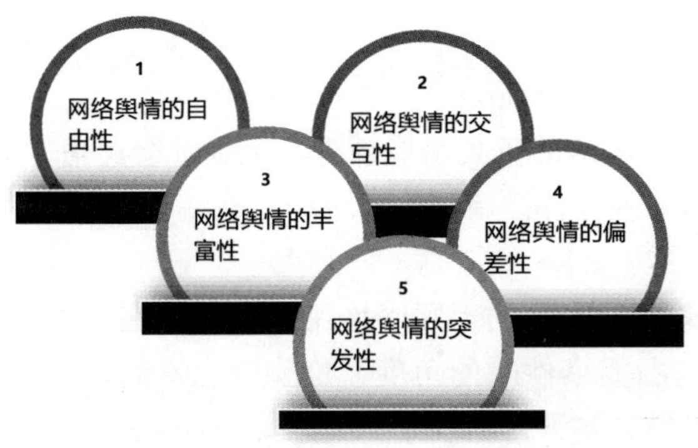

图6–2　网络舆情的特征示意图

1. 网络舆情的自由性特征

网络具有开放性和虚拟性的特征。一般而言，无论是网络论坛还是以微博、微信和短视频平台为代表的网络新媒体，均只需要手机号即可进行注册。尽管近年来，随着我国网络安全制度的发展，一些网络新媒体要求进行实名认证，但网络用户仍然可以通过简便的方法成为网络空间成员。由于网络用户在网络空间中大多使用匿名身份表达意见或情绪，这使得网络用户往往可以畅所欲言，而且在通常情况下不需对自己的言行进行负责。从这一视角来看，网络舆情具有自由性的特征。

2. 网络舆情的交互性特征

网络媒体具有交互性的特点，网络用户在网络平台上可以对感兴趣的话题或事件发表看法、相互讨论、交流，或对相关信息进行转发，以寻求情绪上的共鸣。

网络用户对某话题或事件的交流与互动即在网络上形成一个个由共同话题构成的互动场所。在互动场所中，网络用户的观点相互碰撞与交流，甚至会出现激烈的意见争执，从而形成舆情波动。而一波舆情可能会引发次生舆情，呈现出较强的交互性特征。

此外，网络舆论的形成与发展过程并不是一个闭环，而是与外界传统媒体、现实空间保持着多样化的互动。这种互动在一定程度上引发了网络舆论的扩大化，对于网络舆论的走向和趋势产生着重要影响。

3. 网络舆情的丰富性特征

互联网信息传播具有海量、即时性、多元化的特征，这使得网络舆情在保护和价值呈现中体现出强烈的多样化特征。网络舆情的话题包罗万象，涉及政治、经济、文化、社会生活的各个方面，呈现出多元化、即时性和丰富性的特征。

4. 网络舆情的偏差性特征

网络舆情是社会舆情的重要组成部分，也是社会舆情中最为活跃的部分。尤其是近年来，随着各种各样新媒体平台的出现，越来越多的人开始使用新媒体平台进行自我表达。

由于网络用户数量庞大，不同网络用户之间存在较大的个体差异，不同网络用户在看待问题或事件时的角度、价值理念不同，甚至存在一些将网络平台作为宣泄情绪的重要平台的现象。舆论代表着民意，由于受多种因素的干扰，网络环境中存在着难以规避的情绪化的认知，从而导致网络舆情出现偏差，当网络舆情产生偏差时可能引发一系列的非理性行为。

5. 网络舆情的突发性特征

互联网平台的出现对传统信息传播的内容和方式产生了巨大影响，其改变了信息传播在时间和空间维度上的传播特点。当网络上出现热点事件时，起初可能是一条不起眼的信息，但经过多人转发或评论后可能会突然引发大量网络用户关注，从而在较短时间内成为舆情焦点。

一般而言，网络舆情的形成通常先经传统媒体报道，引发一些网络媒体账号或个人账号的转发或评论，在这一过程中一旦所涉及的新闻信息被某些情绪化的观点所激发，则会使该信息以几何级数的速度进行传播，进而演化为声势浩大的网络舆情。由于网络信息传播较快，网络舆情通常具有突发性的特点。

二、高校网络舆情的概念及传播特点

（一）高校网络舆情的概念

高校舆情是社会网络舆情的重要分支，现阶段，高校舆情已引发许多国内外学者的关注，然而现阶段我国学者对高校舆情还缺乏共同认知，对高校舆情的概念表述也存在着一定的争议性（见表 6-6）。

表6-6　高校舆情概念一览表

序号	概念
1	高校网络舆情是指与高校活动存在联系的评论或观点①
2	高校网络舆情是在网络中形成的，和高校、相关学员以及员工存在关联的校园事件、管理以及社会问题等。广大公众会参考自身的具体兴趣以及利益等关系，进一步依靠相应的社区与新媒体等渠道公开发表自身的观点，有着相应的传播、公众以及倾向等基础的认知、态度的总和②
3	高校网络舆情是作为师生在特定的校内网络环境中，实际传播的对特殊热点问题形成的具有感染力的倾向性特殊观点③

从上表中的三种观点可以看出，高校网络舆情是以高校信息为客体，以高校师生为主体，在互联网相关平台上产生的，与广大师生利益相关并造成一定社会影响的校园现象或社会热点事件。

① 王健．高校网络舆情的监测与引导[J]．信息网络安全，2009(03)：54-57.

② 孟园．社会化媒体环境下高校网络舆情危机事件回应效果影响因素研究[D]．哈尔滨：哈尔滨工程大学，2018：123-124.

③ 丁义浩，王铄．当前高校网络舆情工作中存在的问题及对策[J]．东北大学学报（社会科学版），2013，15(4)：424-428.

（二）高校网络舆情的特点

高校网络舆情的主体为高校师生群体，其中，高校大学生群体占了大多数。与社会网络舆情相比，高校网络舆情具有以下特点（见图 6–3）。

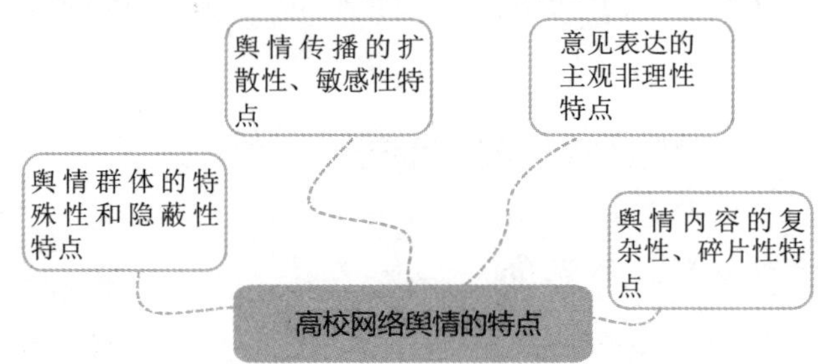

图 6–3　高校网络舆情的特点

1. 高校网络舆情群体的特殊性和隐蔽性特点

高校网络舆情的传播主体是大学生群体，与社会其他群体相比，大学生群体具有精力旺盛、兴趣广泛、好奇心强、充满活力、喜欢表达、情绪变化快、喜怒无常的特点。

从高校大学生的网络行为实践来看，大学生在网络舆情中表现出以下特点。

其一，好奇心强。大学生的好奇心十分强烈，而网络如同包罗万象的知识库，其中容纳了各种信息源。网络展现出的丰富的信息源对于大学生有着极强的吸引力，极大地满足了大学生的好奇心。

其二，注重人际交往。大学生正处于心理发展和心理转折时期。随着独立性逐渐增强，大学生表现出强烈的交往欲和表现欲。然而，由于现实中受到种种条件的限制，大学生的这种交往欲和表现欲难以实现，或容易在现实生活中受挫。而网络的虚拟性、匿名性等特点则可以使大学生毫无保留地宣泄自己的真实想法，实现交往目的，在展现自己的能力的同时，获得更多的自由，满足其交往需要。

其三，渴望得到他人认可。大学生有着强烈的表现欲，他们渴望获得别人的认可。而在现实生活中，由于受到现实世界的束缚，生活经验有限，对社会缺乏认识，常使得大学生在情感上感到受挫，无法满足其获得成功的需要。而在网络中，大学生则可以通过自己兴趣广泛、思维活跃、富于想象等优势，获得赞美和认可。

其四，渴望获得归属感。大学生希望获得他人与社会的认可，在组织或群体中产生归属感；而网络空间的开放性使得大学生很容易在网络空间中找到与自己有共鸣的团体，并获得归属感。

其五，渴望获得自我实现和自我超越。大学生兴趣广泛，而网络世界中充满了有各种各样兴趣和爱好的人，大学生在其中很容易找到自我实现的方式，并通过学习达到自我超越的目的。

从心理发展上来看，高校大学生群体正处于心理趋向成熟，但并未完全成熟，人生观和价值观正处于形成的关键时期。这一时期他们的是非鉴别能力相对较弱，极易受到外界各种因素的干扰。

由于互联网具有虚拟性、匿名性和隐蔽性的特点，一些网络用户出于种种利益而利用网络发表一些不实的、虚假的信息；而高校大学生由于心理发展不成熟，易被这些不实信息所诱导，进而导致大学生情绪被无限放大，甚至进行一定的夸大和变形，进而导致高校的舆情难以控制。

2. 高校网络舆情传播的扩散性、敏感性特点

高校网络舆情的传播主体——大学生，具有年龄相仿、爱好相似的特点，易形成一些共同的兴趣和话题。大学生群体由于具有较强的表达欲望和好奇心，因此对于网络话题的参与性较强，易在网络上形成一个个小团体。这些小团体的成员大多由于相同的兴趣或爱好而聚在一起。

当社会热点事件或高校热点事件触发了大学生网络小团体的利益点时，往往会被团体成员转发到团体群中，从而引发更多大学生的关注。而相关舆情信息经过一传十十传百，可在较短时间内产生大幅度和大规模的扩散。

新时代，我国社会主义的发展正处于转型期，在各个领域的发展过程中不可避免地会呈现出较多矛盾。高校作为社会的重要组织，会不可避免地受到社会发展过程中各种矛盾的影响。而高校大学生兴趣和爱好广泛，且心理发展尚不成熟，受到某些情绪的影响，则会变得敏感，稍不留神就会触犯到他人的言论禁区，造成情绪混乱。而这种情绪化使得网络上经常出现一些带有虚假性的言论，出于个人不同视角的认知和理解，又经过网络媒体的传播与催化，使得个人、局部的问题进一步发展为更加敏感的群体性问题，从而导致高校乃至于社会产生更大的冲突。

3. 高校网络舆情内容的复杂性、碎片性特点

高校网络舆情的内容极为丰富和复杂，不仅涉及高校的教学生活、教育管理等，还涉及社会时政热点、公共卫生，更关乎教育公平等方面。高校网络舆情的传播渠道极其丰富，包括门户网站、论坛、微博、微信、QQ、短视频平台、网络游戏等，几乎涉及所有网络传播形式。而高校大学生由于心理的情

绪化特点，使得高校网络舆情的内容呈现出复杂性的特点。

高校大学生群体大多借助网络平台，尤其是新媒体平台了解外界信息，而网络新媒体平台所传播的信息往往具有较强的碎片化特点，这就导致大学生群体在了解热点事件时，往往无法及时认清事件的真相，仅仅通过新媒体平台上的快餐式报道对事件进行简单判断，缺乏整体思维逻辑的处理，更缺乏对相关事件的深刻思考。高校大学生在信息接收和传播中的这一特点使得其易受到网络情绪的影响。

4. 意见表达的主观非理性特点

所谓非理性即是个体通过非逻辑的、没有固定程序与步骤，在一瞬间获得认识或判断的思维方式。从现代心理学的意识与无意识角度来看，非理性是个体的潜意识行为，反映了个体的本能以及欲望、习惯等特点。

高校网络舆情具有非理性的特点，这是由于网络舆情是社会心态经过发酵后的集中表现所决定的。网络作为一个虚拟空间，是网络用户情绪的发泄地，而经过发酵后的热点事件，往往承载着网络用户的社会心态，成为网络用户情绪的喷发口。

高校大学生正处于自我同一性构建与形成时期，他们在高校网络舆情的形成和发展过程中受到网络事件的影响，往往以过激的方式寻找自我，从而爆发出非理性情绪，这会对网络舆情产生一定的影响。近年来，我国高校网络舆情呈现出以非理性开始，以理性结束的重要特点。

（三）高校网络舆情的演进过程

根据史迪文·芬克（Steven Fink）在《危机管理：应对突变危机事件的策略》中提出的危机传播四阶段模型，高校网络舆情可划分为四个阶段，即舆情发生期、舆情发展期、舆情高潮期、舆情消散期（见图 6–4）。

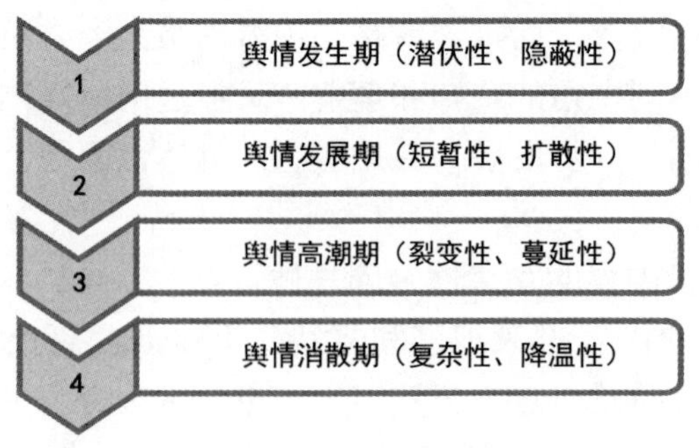

图 6–4　高校舆情演进过程示意图

1. 舆情发生期

舆情发生期往往具有隐蔽性的特点。由于网络信息呈现出海量性的特点，每天网络上均会出现大量新信息。人们接收信息的数量有限，不可能关注所有信息，因此许多高校网络舆情的初始阶段，往往不易被人发觉，具有隐蔽性的特点。

高校网络舆情通常与大学生群体切身利益相关，往往在舆情发生初期先由传统媒体发布报道；或由一些“正义之士”在网络平台上发布信息，之后引发高校内部与之利益相关的小团体的关注和传播；进而通过信息检索的形式形成一个个网络聚集空间，使得高校网络舆情悄然成形。

2. 舆情发展期

舆情发展期通常较为短暂，然而却是整个舆情事件的关键时期，这一时期的舆情存在着显著的破坏力。如果高校有关部门在这一时期及时发现舆情，并对舆情事件进行积极干预和处理，则与之相关的高校网络舆情可能会就此平息，不会对高校形象产生较大的破坏力。

但如果这一时期，高校有关部门不能及时发现舆情并对舆情进行积极引导和干预，则会导致网络危机事件迅速扩张和蔓延，从而引发大量高校在校生或毕业生的关注。大量网络关注和转发将推动与之相关的事件进行裂变式传播，从而引发高校之外的其他社会群体的广泛关注。

3. 舆情高潮期

高校网络舆情高潮期的舆情通常具有迅速发酵、扩散和蔓延的特点。这一时期，高校网络舆情的发展通常会引发社会大众媒体网的高度关注，并对事件进行跟踪报道和深度报道，从而引发全社会的关注和参与。而随着公众的关注度越来越高，由于人们的价值观和看待问题的角度不同，通常会引发人们就议题进行讨论，进而引发公众的激烈争吵。而传统媒体从现实中挖掘出的新内容又会时刻被扩散到互联网，形成线上线下循环往复的交互影响。从而造成事件的热度持续不降，这一时期往往就是高校网络舆情的高潮期。

4. 舆情消散期

高校网络舆情消散期是高校网络舆情发展的重要时期，这一时期如果高校对网络舆情进行积极关注，并采取积极措施引导网络舆论，对事件进行干预，则舆情会逐渐消散；相反，如果高校不能及时有效地对舆情事件进行干预或采取错误的方式和方法，则有可能会引发更加剧烈的舆论反应，对高校形象造成更大的影响和损失。

高校网络舆情消散期的时间长短不一，通常与舆情事件对高校产生的影响大小有关。通常在舆情事件后，高校形象会受到一定的损害，高校应积极采取各种措施消除舆情事件带来的不良影响，并对高校形象进行修复。

（四）高校网络舆情类型

高校网络舆情的内容具有多元化、分散性等特点。根据高校网络舆情内容的情感倾向，高校网络舆情大体可以划分为情感抒发型、寻求帮助型、建议请愿型、发泄攻击型（见表 6-7）。

表6-7　高校网络舆情类型一览表

划分依据	类型	特点
根据高校舆情涉及的情绪进行划分	情感抒发型	个人情感表达，反映大学生近期的思想状态和生活状态
	寻求帮助型	在学习生活、衣食住行、考试咨询等方面的问题，客观上反映了高校建设中的种种不足
	建议请愿型	学生结合切身感受对高校领导层提出的建议或意见
	发泄攻击型	对身边的人或发生的事件不满而形成激烈情绪，具有较强的指向性，易引发具有相同经历的学生的共鸣
根据高校舆情内容进行划分	高校日常管理	宿舍空调、期末考试、大学食堂等
	校园安全事故	校园安全、教学安全、大学生人身安全等
	学生日常生活	大学生出行、师生关系、大学生公益等
	大学生就业	就业指导、就业政策、就业率、就业工资等
	高校教育政策	高校排名、学科建设、高校新政策等
	高校考试招生	高校考试、高考招生、研究生招生等
	师生道德	高校教师学术道德、生活作风、个人品德以及大学生学术行为、学习风气等相关报道、事件消息等
	社交娱乐其他	偏娱乐性的高校新闻或消息等

三、新时代高校舆情管理的对策

新时代高校舆情管理是高校形象管理的重要组成部分，新时代高校舆情管理应从以下几个方面着手。

（一）建立和完善危机预警制度

高校管理中应对突发事件进行有效的监督和管理，防止突发事件对高校产生危害。根据突发事件的性质和传播方式不同，大体可以划分为公共危机事件和网络舆情事件两种类型。

现阶段，我国一些高校的危机管理意识仍然存在巨大的进步空间。虽然有些高校建立了危机预警制度，但大多数高校的危机管理意识较弱。对此，就公共危机事件预警而言，我国高校可以借鉴西方发达国家高校的公共危机预警管理体系（见表 6-8 西方高校危机预警管理体系一览表），并结合我国高校的实际情况，构建适合我国高校的危机预警制度。

一般而言，建立和完善高校危机预警制度可从法律法规、组织结构和危机意识三个层面着手。

表6-8　西方高校危机预警管理体系一览表

<table>
<tr><th>项目</th><th>美国高校公共危机预警管理体系</th><th>日本高校公共危机预警管理体系</th></tr>
<tr><td rowspan="2">法律法规</td><td>联邦法律层面
1990 年，通过了《克莱瑞法案》（Clery Act）
1994 年，颁布了《美国 2000 年教育战略》《校园禁枪法》和《改善校园环境法》
2003 年颁布了《危机计划的实用资料：学校与社区指南》（PICP）、《美国国家威胁预警系统与学校行动指南》
2008 年颁布了《高等教育机会法案》
2015 年颁布了《让每一个孩子成功法案》（ESSA）</td><td rowspan="2">基本法《宪法》和《教育基本法》
2004 年出台了《校园安全法》
此外，针对频发的校园危机的单行法律，以进行更加详细的规定和管理</td></tr>
<tr><td>州政府和地方层面
建立专门的应急研究机构
为地方高校提供突发事件和应急管理报告
制定并发布危机应急管理手册
对高校师生进行针对性的应急事件指导与培训</td></tr>
</table>

续表

项目	美国高校公共危机预警管理体系	日本高校公共危机预警管理体系
组织结构	政府层面、高校层面、社会层面 其中，高校建立日常预警计划	以安全管理委员会为核心，联合防火、防灾、环境安全保护等部门进行协调管理，诸多协会和组织共同参与协助 日本各都道府县教育委员会编写有《危机管理和应对手册》或《防灾教育指导资料》等教材
危机意识	重视危机预演、教育和培训 完善的危机预警信息处理流程 决策预案的有效反馈	重视危机教育和演练 建立完善的危机信息监测系统 制定合理的应急预案 重视危机科研的经费投入

近年来，我国进一步完善了公共事件的危机管理机制。针对近年来频频出现的网络舆情危机，我国高校还应从网络危机管理的角度，及时建立和完善网络危机预警机制。

高校网络舆情通常具有突发性、危害性和不确定性的特点，这些特点会给高校形象带来重创。而新时代，随着我国社会的发展，以及高校竞争压力的增强，一旦产生高校网络舆情，会对高校声誉造成不可挽回的伤害，将不利于高校在新时代的发展。

针对高校网络舆情的特点，在进行高校网络舆情管理中，可以借助危机管理 4R 模式建立和完善高校危机管理系统（见图 6–5）。

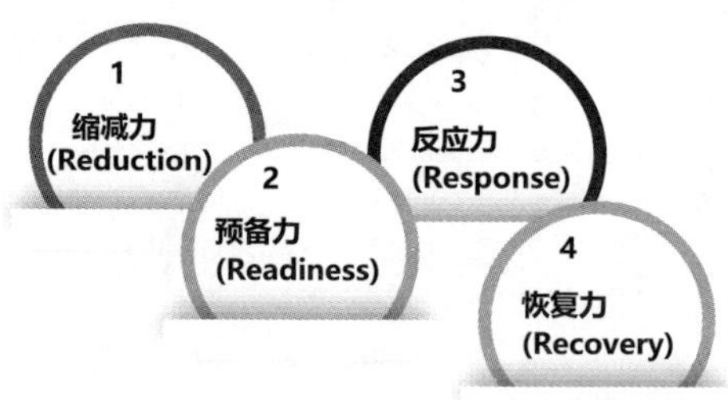

图 6–5 危机管理 4R 模式示意图

1. 缩减力

当不可控的危机事件发生时，关键应当进行危机缩减管理，以达到节约时间、降低危机风险、合理分配资源、缩小危机发生的可能性，将危机事件的影响降到最低。

2. 预备力

危机管理中的危机预警和监视系统是一个有机整体，应当充分调动组织的所有资源对危机进行管理，尽量在危机扩大化之前对其进行干预。

3. 反应力

当危机事件出现后，危机事件所涉及主体的反应力和应对能力直接关系着危机事件的发展趋势。因此，当危机事件发生时，所涉及的主体无论是组织还是个人均应当迅速反应。

4. 恢复力

当危机事件得到控制后，危机事件所涉及主体应当对危机事件的后续事宜进行处理，恢复在危机事件中受到伤害的主体名誉。

根据危机管理 4R 模式建立和完善高校网络舆论危机管理系统，可以从以下几个方面着手（见表 6–9 高校网络舆论危机管理系统一览表）。

表6–9　高校网络舆论危机管理系统一览表

<table>
<tr><th>项目</th><th>机制</th><th>措施</th></tr>
<tr><td>缩减力</td><td rowspan="2">基于危机缩减及预备力的网络媒体预警机制</td><td rowspan="2">1. 建立危机预警系统
设立专门岗位对校园网络媒介进行管理，负责搜集、确定所有关于高校危机事件的重要信息，发现危机潜在苗头后予以及时处理
2. 在网络舆论危机到来时做好应对准备
其一，在危机爆发的初始阶段能迅速作出反应
其二，保护人和财产
其三，激活积极反应系统</td></tr>
<tr><td>预备力</td></tr>
<tr><td>反应力</td><td>基于危机反应力的网络媒体应对机制</td><td>1. 明确危机处理态度，争取在较短时间内对危机信息进行控制
2. 合理的沟通机制、有效的媒体管理，秉承公开透明的原则进行沟通</td></tr>
<tr><td>恢复力</td><td>基于危机后的网络媒体恢复与评估机制</td><td>1. 针对高校网络舆论危机中暴露出来的漏洞进行处理
2. 关注高校学生的心理和情绪，加强对高校学生的心理辅导，引导学生尽快走出心理阴影</td></tr>
</table>

（二）完善高校新闻发言人制度

在建立和完善高校网络舆论危机管理的同时，应当进一步完善高校新闻发言人制度。在网络舆论危机管理的各个环节均需要高校新闻发言人对外进行统一发声。可以说，高校新闻发言人制度的建立与完善是高校网络舆论危机管理机制的重要组成部分，又是高校日常建设、传播和维护高校形象不可或缺的因素。

高校新闻发言人制度能够帮助高校直面社会，正确引导舆论。在日常工作中，高校新闻发言人可以代表高校和大众媒体建立良好的关系，既为自己发声，也为社会发声，在正确引导舆论的同时，树立高校积极、向上的良好形象。

当高校发生重大事件时，可以通过媒体进行通报和传播，传播高校的良好形象；而当高校网络舆情事件发生时，新闻发言人可以通过媒体进行辟谣，借助大众权威媒体的公信力取得民众信任，消除危机产生的不良影响，维护高校的形象。

现阶段，随着我国各大高校对社会舆论环境的重视，越来越多的高校建立了新闻发言人制度。根据 2022 年 1 月教育部公布的各省（区、市）教育部门、教育部直属高校及部省合建高校新闻发言人名单和新闻发布工作机构电话，目前我国 89 所高校均建立了新闻发言人制度（见表 6-10）。

表6-10　2022年设立新闻发言人制度的高校一览表

北京大学	东北林业大学	湖南大学
清华大学	复旦大学	中山大学
中国人民大学	上海交通大学	华南理工大学
北京师范大学	同济大学	重庆大学
中国农业大学	华东理工大学	西南大学
北京外国语大学	东华大学	四川大学
北京语言大学	华东师范大学	西南财经大学
北京科技大学	上海外国语大学	西南交通大学
北京化工大学	上海财经大学	电子科技大学
北京交通大学	南京大学	西安交通大学

续表

北京邮电大学	东南大学	西北农林科技大学
中国地质大学（北京）	中国矿业大学	陕西师范大学
中国矿业大学（北京）	河海大学	西安电子科技大学
中国石油大学（北京）	江南大学	长安大学
北京林业大学	南京农业大学	兰州大学
中国传媒大学	中国药科大学	河北大学
中央财经大学	合肥工业大学	山西大学
中国政法大学	浙江大学	内蒙古大学
中央音乐学院	厦门大学	南昌大学
中央戏剧学院	山东大学	郑州大学
中央美术学院	中国海洋大学	广西大学
北京中医药大学	中国石油大学（华东）	海南大学
对外经济贸易大学	武汉大学	贵州大学
华北电力大学	华中科技大学	云南大学
南开大学	中国地质大学（武汉）	西藏大学
天津大学	武汉理工大学	青海大学
大连理工大学	华中师范大学	宁夏大学
东北大学	华中农业大学	新疆大学
吉林大学	中南财经政法大学	石河子大学
东北师范大学	中南大学	

（三）利用网络意见领袖引导舆论

在建立和完善高校网络舆论危机管理系统时，在高校网络舆论危机事件发生、发展、高潮时，高校应积极对舆论进行引导。除了通过高校新闻发言人和大众媒体对舆论进行引导之外，还应借助网络意见领袖对网络用户进行引导。

所谓意见领袖，是指在人际传播网络中经常为他人提供信息，同时对他人施加影响的“活跃分子”。[①]

新闻传播领域的“意见领袖”一词，是由美国学者拉扎斯菲尔德（Paul Lazarsfeld）于20世纪40年代在《人民的选择》一书中提出的。

意见领袖并非网络信息传播时代的特有产物。自古以来，意见领袖广泛存在于各种类型的信息传播过程中。在互联网信息传播时代，由于网络的开放性与自由性，越来越多的网络用户在各自擅长的领域中积极发声，参与公共热点事件的讨论，造就了身份多样、数量众多、活跃程度高等特点的网络意见领袖。

意见领袖作为信息的传播者和普及者，在网络舆论中起着重要的导向作用。在高校网络舆情事件中高校应当充分利用各种类型的意见领袖对民众进行引导。

1. 充分发挥高校在网络舆论中的主导作用

高校新闻发言人作为高校网络舆论事件中的对外发声者，在网络舆论中具有主导作用。高校新闻发言人在网络危机事件的各个阶段，可以通过发布声明、召开新闻发布会等方式对网络舆论进行引导。

此外，高校还可以通过提高高校公信力、构建社会诚信体系，充分发挥网络舆论引导和舆论监督的合力作用，从舆论引导失当的行政问责、网络舆情监测和民意调查等方面着手不断完善网络舆论引导相关协同机制，构建完善的高校网络舆论引导机制。

2. 充分体现主流网络媒体在网络舆论引导中的主体地位

高校新闻发言人在发现危机事件以及在危机事件发展过程中，应当随时、即时与主流、权威的大众媒体保持联络，及时借助主流媒体的影响力和公信力传播信息，对社会公众进行引导，有效避免网络谣言的传播。

3. 积极发挥网络意见领袖的网络舆论引领作用

网络意见领袖在网络危机事件的发展中起着至关重要的作用，是推动网络表达成为公众议题的核心群体。高校在应对危机时，可以借助网络上公信力强的网络意见领袖对网络民众进行引导，将网络舆情控制在合理范围内，以维护和重塑高校形象。

---

① 曹茹，王秋菊．心理学视野中的网络舆论引导研究[M]. 北京：人民出版社，2013：196.

第三节　跨文化视域下新时代高校形象维护研究

新时代，随着我国高校“双一流”建设工程的实施，我国高校的教育水平不断提升，越来越多的高校开始走出国门，在国际教育事业中的声誉越来越高，影响力越来越大。本节主要从跨文化视角对新时代高校形象的传播和维护进行详细分析。

一、新时代高校跨文化传播的意义和原则

跨文化传播的概念最早于20世纪40年代由跨文化传播之父爱德华·霍尔（Edward Hall）提出。进入21世纪以来，随着经济全球化和知识经济时代的到来，跨文化传播已成为一种全球趋势，深刻地影响着社会政治、经济和文化各个方面的发展。

（一）高校形象跨文化传播的意义

当今世界各国综合国力的竞争日益激烈，这些竞争不仅包括政治、经济、军事、科技等硬实力的竞争，还包括以文化为核心的软实力竞争。尤其是近年来，随着世界整体经济发展速度放缓，以文化为核心的软实力在世界综合国力中的竞争日益凸显。进入21世纪后，中国的文化对外传播进入一个新的阶段。党的十八大会议上提出了提高国家文化软实力，建设和打造文化强国战略的构想。作为传播和传承文化与知识的重要场所，新时代高校形象跨文化传播具有极其重要的意义。

1. 提高中国文化软实力

软实力是指能够影响他国意愿的精神力量，包括政治制度的吸引力、价值观的感召力、文化感染力等综合能力。软实力在当前世界各国日益激烈的竞争中越来越突出。文化软实力则是指一个国家或地区基于本地文化而产生的凝聚力、生命力、创新力和传播力，并最终发展成为区域感召力和影响力。①

高校形象跨文化传播是中国对外传播的重要组成部分。高校作为国家和民族的最高学府，是培养现代化人才和未来社会建设人才的重要机构和场所。

① 软实力也是硬道理——为什么要推进文化创新和深化文化体制改革[N].光明日报，2008-07-30.

然而，高校建设并不是一个闭门造车的过程，与海外高校进行交流与合作能够推动高校的健康发展。

高校是中国先进知识、学术的研究和传播场所，高校形象跨文化传播能够提高中国文化软实力。

高校海外传播不可避免地在海外开展合作教育或吸引海外留学生来华留学，而高校则可能在教学中纳入中华民族的价值观和中国传统文化，增强中国文化在海外的传播，从而提高中国文化软实力。

2. 改善和提升中国国家形象

国家形象是一国内部公众和外部公众对该国政治、经济、文化等方面状况的认识和评价，可分为国内形象和国际形象，两者之间往往存在很大差异。[①]

国家形象（见图 6–6）是一个国家最为重要的无形资产，也是国家综合国力建设中不可或缺的一部分，其在国家的整体发展战略中起着至关重要的作用。国家形象的最终形成并不是靠一朝一夕的努力，也不取决于某一个个体或群体的努力，而是需要国家全体公民的共同努力，经历长期的发展过程才能形成。

国家形象在根本上取决于国家的综合国力，但不能简单地将其等同于一国的综合国力，且国家形象并不是一成不变的，而是随着国家政策、事件中的态度等在不断变化。

政治	政府信誉 外交能力、军事准备
经济	金融实力、财政实力 产品特色和质量、国民收入
社会	社会凝聚力、安全与稳定 国民士气、民族性格
文化	科技实力、教育水平 风俗习惯、价值观念
地理	地理环境、自然资源 人口数量

图 6–6　国家形象内涵示意图

高校作为国家重要的文化资源，是体现我国高等教育水平的重要因素。

① 肖航，周萍，纪秀生．华文媒体创新性话语研究与传播 [M]．北京：朝华出版社，2018：26.

在海外传播高校形象，有利于通过高校的良好声誉、良好的教育质量及科研水平提升我国高等教育形象和国家形象。

3. 维护国家文化安全

自20世纪中后期以来，世界各国综合国力的竞争越来越激烈，文化在国家建设和竞争中的地位也越来越高，文化作为软实力的核心作用也越来越突出。

尤其是在经济全球化成为世界大趋势的今天，一个国家的文化思潮发生后，在较短的时期内，会借助互联网技术等先进技术传播到全球各个角落，从而对其他国家的文化产生冲击。

在这一背景下，文化安全也逐渐上升为全球各个国家普遍关注的问题。西方学者萨义德即指出："文化成为了一个舞台，各种政治的、意识形态的力量都在这个舞台上较量。文化不但不是一个文雅平静的领地，它甚至可以成为一个战场，各种力量在上面亮相，互相角逐。"①

文化作为一个国家和民族身份确立的内在依据，在国家和民族的生存和发展中起着极其重要的作用。一旦一个国家的文化丧失了安全性，那么这个国家和民族也就处于危险的边缘。从这一视角出发，甚至可以说，一个国家或民族文化的消亡，昭示着这个民族或国家的消亡。由此可见，国家文化安全在国家安全中具有十分重要的意义。

改革开放以来，中国从西方国家引进了大量先进技术和生产力，极大地推动了中国经济的繁荣和发展。与此同时，大量西方文化理论和文化思潮也涌入我国，与我国的本土文化进行交流、碰撞和竞争。我国现代高校的建设与发展也不可避免地受到西方教育理念的影响。

中华人民共和国成立以来，经过70多年的发展，我国高校积累了一定的社会主义建设经验。高校形象跨文化传播能够在引进先进国际教育思想的同时，对外传播中国的特色教育理念和办学经验，这样有利于树立我国的教育自信，可以维护中国文化安全。

4. 提升高校竞争力

从高校自身来说，高校形象跨文化传播能够提升高校的海外影响力，吸引海外留学生以及海外投资。除此之外，还能够通过与海外高校的交流，引进先进的教育教学理念，全面提升高校的现代化竞争力。

---

① 罗希明，王仕民．教育安全论 基于国家文化安全的视域[M]．广州：中山大学出版社，2018:24.

（二）高校形象跨文化传播的原则

高校形象跨文化传播应坚持综合性原则、及时性原则、公开透明性原则、多元化原则、价值观原则和语言适应原则（见图 6–7）。

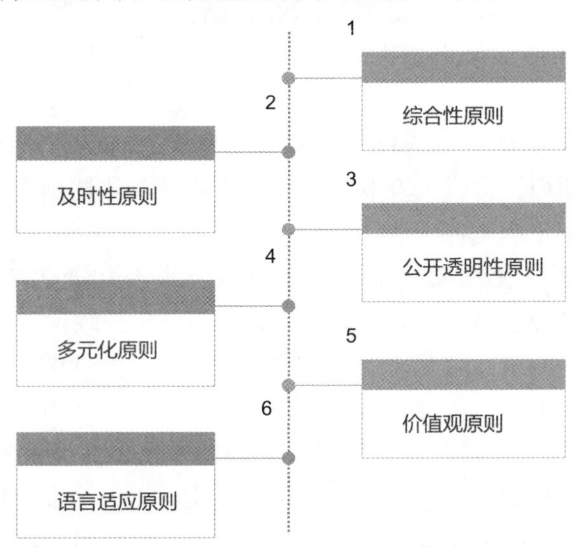

图 6–7　高校形象跨文化传播原则示意图

1. 综合性原则

高校形象的内涵极其丰富，涉及高校工作的方方面面。在高校形象跨文化传播中应坚持综合性原则，充分调动高校各方面的要素，发挥集体优势，构建和传播高校的良好形象。

2. 及时性原则

高校形象跨文化传播中应坚持及时性原则。及时、快速地将高校发生的各类事件在第一时间传播到海外，以便使海外公众及时、同步了解高校的情况，缩小高校与海外公众之间的距离感。

例如，利用直播技术同步播放高校周年庆典、高校毕业典礼等重大活动，使海外公众与高校师生的情感同步化，以此增强海外公众对高校形象的认同。

3. 公开透明性原则

高校形象跨文化传播中应坚持公开透明原则，不能对高校新闻进行别有目的的包装和筛选，也不能为了一时之需，在海外传播过程中制造虚假信息。当这些虚假信息曝光后，海外公众将对高校产生不信任感，不利于高校在海外的长远发展与传播。

4. 多元化原则

进入 21 世纪以来，随着网络信息技术的快速发展，现代化信息传播方式越来越呈现出多样化的特点。在高校形象海外传播过程中，高校应当充分利用各种传播手段对高校形象进行传播。

5. 价值观原则

价值观是一个人对周围事物的重要意义的评价和看法，价值观并非是先天形成的，而是在后天的学习以及社会文化背景的影响下形成的。如果生活的背景和所处的环境不同，那么价值观也会不同。

价值观具有相对稳定性和持久性的特点，然而在外界环境发生巨大变化的情况下，受家庭、社会、工作环境的影响，价值观也会发生潜移默化的变化。不同国家和民族的价值观存在较大差异。

在高校形象海外传播过程中，应当坚持价值观差异性原则，以避免高校形象被扭曲，便于高校形象被海外公众所认同和接受。

6. 语言适应原则

其一，语境关系适应。语言翻译者进行语言选择的过程必须与语境相适应，以确保语言翻译的准确性和可接受度。例如，中国属于高语境国家，而西方国家则属于低语境国家。当高校形象进行跨文化传播时，应当注意语境的改变和适应。

其二，语言结构适应。语言结构适应是指语言翻译者在对语言进行翻译时，应从语言语码、语体选择、话语的构建成分、语段的表达等多个方面对语言作出选择。

其三，动态过程适应。动态过程适应是指适应过程在时间轴上的发展过程。不同国家的语言均处于不断的发展之中，在语言翻译中应尽可能使语言适应现阶段主流人群的表达习惯和思维，从而对语言进行选择。

其四，意识程度适应。意识程度适应是指语言翻译者在进行语言选择和语言适应时的意识程度。按照维索尔伦的话语来解释及交谈的话，对语言使用者来说存在着不同状态的领悟程度。

综上所述，高校形象的跨文化传播是新时代高校形象传播的重要组成部分，其有利于推动高校的全面发展，也有利于提升国家形象和国家文化软实力。

二、西方高校形象对外传播经验

（一）中国高校形象跨文化传播面临的挑战

现阶段，我国高校形象跨文化传播仍然存在较大的进步空间。

1. 从传播者视角来看

在高校形象跨文化传播中，传播主体是高校。然而现阶段我国高校的跨文化传播意识与海外高校相比相对较弱，对跨文化传播的认识不够。

一方面，许多高校没有意识到跨文化传播的重要性；另一方面，一些高校虽然意识到了跨文化传播的重要性，却没有在实践中加强高校跨文化传播。

2. 从传播渠道视角来看

从传播渠道视角来看，许多高校至今没有搭建有效的跨文化传播渠道。近年来，随着我国通信卫星技术的发展，我国媒体在海外的影响力越来越大。然而从总体上来看，我国媒体并非世界主流媒体。在新媒体方面，我国国内新媒体平台与海外新媒体平台不统一。这些均在一定基础上限制了高校形象的跨文化传播。

除此之外，现阶段，我国大多数高校并没有搭建完善的跨文化传播平台，因此，我国高校的跨文化传播还有相当大的发展空间。

3. 从传播内容视角来看

从传播内容视角来看，现阶段我国一些高校虽然开通了Facebook、Twitter等社交媒体账号，但大多数没有得到官方认证，信息发布频率相对较低，这在一定程度上影响了高校跨文化传播。我国高校尚未摸索出一套成熟的海外传播机制。

4. 从受众视角来看

从受众视角来看，近年来，随着世界互联网信息技术和通信技术的快速发展，高校形象跨文化传播受众与过去相比已产生了较大变化。我国高校对国外受众缺乏系统、立体分析，所传播的信息与海外受众的认知、兴趣和心理存在一定的差距，因此传播效果仍有待提升。

5. 从传播效果视角来看

从传播效果视角来看，现阶段我国高校形象的跨文化传播效果有待提升。根据传播学相关理论，传播效果发生的逻辑顺序为认知层面、心理或态度层面、行动层面。由于我国高校现阶段在三个层面的进步空间均较大，因此传播效果暂未达到理想层面。

（二）美国高校形象对外传播经验

美国作为国际上久负盛名的教育大国，其高校形象海外传播经验丰富，已建立了一套较为系统和完善的传播机制。

纵观美国高校形象对外传播经验，大体可划分为两个层面。

1. 依托美国公共外交和战略的总体框架进行高校形象海外传播

自 20 世纪中后期以来，美国十分重视文化价值观和意识形态的输出，构建了庞大的公共外交和公共事务机构。其中的教育与文化事务局主要负责国际交流交换项目，其以学术、体育、文化等交流形式传播美国教育理念和文化。这些项目极大地推动了美国高校形象在海外的传播。

2. 依托高校自身的传播系统进行高校形象海外传播

美国高校构建了相对完善的线上线下对外信息传播渠道，以确保高校形象对外传播的效果。具体来说，美国高校依托高校自身的传播系统进行高校形象海外传播，特点如下。

其一，打造线上线下传播平台。从线下传播平台来看，美国高校通常以成立海外中心或合作办学的方式不断扩大海外交流与传播（见表 6-11）。

表6-11　美国部分大学在中国的分校或中心一览表

方式	学校	中心学校
海外中心	芝加哥大学	北京中心、香港中心
	哈佛大学	上海中心
	耶鲁大学	北京中心
	斯坦福大学	北京中心
合作办学	昆山杜克大学、上海纽约大学等	

美国高校形象线上传播平台呈现出多样化的特点，包括官方网站、新媒体平台等。

以斯坦福大学为例。斯坦福大学通过开通对外官方网站展现其办学特色和优势。其在网站上设置了学术、研究、医疗保健、校园生活等多个项目，从多个方面传播斯坦福大学的形象（见图 6-8）。

图 6-8 斯坦福大学官方网站

除此之外，斯坦福大学还通过电子邮件的形式，每周日定期向数万名教职工和其他订阅用户发送斯坦福报告，传播斯坦福社区新闻和信息。

哈佛大学十分注重使用线上传播平台进行高校形象传播，其不仅通过官方网站展示高校形象，还开通了脸书、推特、优兔等多个官方社交平台账号。除了哈佛大学之外，哈佛医学院、哈佛校友会等相关的 178 个组织机构也纷纷入驻新媒体社交平台，通过多种渠道展现高校形象。

其二，注重公众传播。美国高校进行形象传播时，十分注重公众化传播。

以斯坦福大学为例。斯坦福大学的公众传播主要通过以下三种方式进行。

（1）设有专门的传播机构。斯坦福大学设有专门的高校传播办公室，设有媒体关系、新闻与内容生产、战略传播、数字战略、影视传播等职务。

（2）信息内容传播兼具大众化和个性化。斯坦福大学在进行高校信息传播时设置了科学传播、跨学科生命科学传播、社会科学传播、视觉媒体等信息制作和收集者以及为高校内部师生和海外公众提供兼具大众化和个性化的信息传播服务。

（3）重视发挥学科专业教师的影响力。高校教师形象是高校形象的重要组成部分。斯坦福大学为了更好地进行高校形象传播，提升高校的国际影响力，其为高校专家制定了详细的信息介绍，对专家的名字、职务、邮件地址、联系方式、研究领域和成果进行介绍。除此之外，还将高校教职员工进行分类，如艺术类专家、体育类专家、性别问题专家、拉丁裔问题研究专家等，鼓励高校教师和研究人员就社会问题发表观点。

其三，强化高校声誉管理。美国高校在形象传播中极其重视对高校声誉的管理和维护。一般而言，知名高校均会设立专门的机构进行高校国际教育事务推广。

以哈佛大学为例。哈佛大学早在20世纪40年代即设立了哈佛大学国际办公室，为外国留学生、访问或交流学者等人群进行服务。除此之外，哈佛大学还成立了哈佛国际发展中心等国际事务组织，参加了50多个国际教育计划，充分发挥了哈佛大学在国际教育事务中的作用。

此外，哈佛大学还成立了多种非政府国际组织。例如，哈佛国际关系理事会（HIRC）。哈佛国际关系理事会是哈佛学院最大的学生组织，完全由本科生管理，是经联合国新闻部认可的一个非政府组织。该组织在全球开展了多个项目，包括哈佛模拟联合国（HMUN）、哈佛全美模拟联合国（HNMUN）、哈佛国际评论（HIR）、国际教育哈佛计划（HPIE）、哈佛大学校际模拟联合国（ICMUN）和哈佛校园国际关系（IRoC）。

除成立专门的高校国际传播和管理组织之外，美国高校还十分重视学校品牌形象的建设和传播，以此加强和维护声誉管理。

美国一流高校将学校名称和标识授权给文创产品生产厂商，并让其在全球范围内进行推广。

例如，加州大学洛杉矶分校（University of California，Los Angeles，简称UCLA）校园创意品牌UCLA包含了校园文化创意产品开发部、市场部、生产加工部、创意产品商品等部门，成为一个走向世界的综合品牌。其中“UCLA”作为加州大学洛杉矶分校的标志，也作为该校的商业品牌出现在多种场合，不断延伸着高校的品牌形象（见图6–9）。

图6–9　加州大学洛杉矶分校校徽和校标

其四，海外传播本土化。近年来，西方高校为了更好地进行海外形象传播，着重推动海外传播的本土化工程。

许多西方高校在海外国家设立了办事机构，面向当地受众开设本土化传播平台和渠道，运用当地国家民众熟悉的方式进行形象传播和维护。

以耶鲁大学为例。早在 2012 年 9 月，耶鲁大学在中国新媒体平台——新浪微博开通了官方认证微博，使用中国民众熟悉的社交平台和语言进行高校形象传播（见图 6–10）。

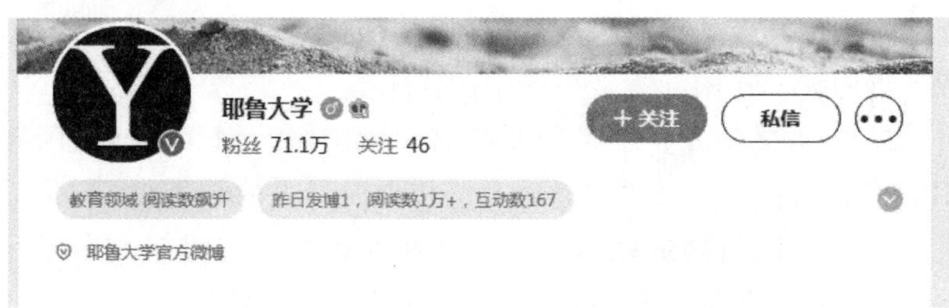

图 6–10　耶鲁大学官方微博示意图

自 2012 年 9 月以来，耶鲁大学发布了 2000 多条微博，拥有 71.1 万粉丝，微博内容涉及耶鲁大学的校园景观、校园活动、招生情况等。

又如，南加州大学（南加利福尼亚大学 University of Southern California，简称 USC）不仅在中国上海、北京、香港设立了办事处，并于 2013 年开设了官方微信公众号，至今已发布了 276 篇原创文章，内容涉及南加州大学的学科、招生、就业等各个方面（见图 6–11）。

图 6–11　南加州大学微信公众号

再如，哈佛大学的品牌形象传播途径极其广泛。其中创建于 1922 年的《哈佛商业评论》（*Harvard Business Review*，简称 HBR）在全世界有 10 种语言的 11 个授权版本。《哈佛商业评论》不仅在中国发布了中文简体字版本，还开设了官方网站以及微信公众号和新浪微博账号，开发了中文版杂志移动客户端，等等。（见图 6–12）

图 6–12　《哈佛商业评论》官方网站

综上所述，西方高校极其重视高校形象的海外传播，已构建了相对完善和成熟的高校形象海外传播体系。

三、新时代高校形象跨文化传播和维护的具体路径

高校形象跨文化传播是提升和拓展高校国际化视野的重要窗口，新时代我国高校应进一步提升跨文化传播和高校形象维护水平。具体可从以下路径着手。

（一）树立海外品牌传播理念

新时代，我国高校应树立全球品牌形象传播和维护意识，将高校形象海外传播纳入高校国际化整体战略。

进入新时代以来，我国高校越来越重视海外形象传播。自 2017 年以来，北京师范大学新媒体传播研究中心、北京师范大学教育新闻与传媒研究中心、

光明日报智库研究与发布中心以及中国日报网等每年均对中国大学在海外的网络传播力进行调研并发布相关报告。

2021年12月发布的《2021中国大学海外网络传播力建设报告》显示，2021年我国内地大学海外网络传播力综合指数排名前十的依次是：清华大学、北京大学、浙江大学、上海交通大学、北京外国语大学、复旦大学、华东师范大学、中国美术学院、天津大学、中国科学技术大学。

其中，北京大学和清华大学在海外的知名度较高，形象传播力和维护力相对较为突出。而北京大学和清华大学也十分重视跨文化传播，已初步树立了海外品牌传播理念。

1. 北京大学海外品牌传播

北京大学2019年4月成立了北京大学海外传播办公室，进一步加强了海外传播力和品牌形象维护力。

北京大学海外传播办公室的主要职能包括北大英文信息生产与传播、北大品牌形象建设与管理、国际新媒体运营与维护和对外关系渠道联络与拓展。

北京大学海外传播办公室打造和运营的国际新媒体矩阵包括北京大学英文新闻网和“这里是北大”品牌视频网站以及Facebook、Twitter、Instagram、LinkedIn、YouTube、英文微信六大官方国际新媒体矩阵。

北京大学海外传播办公室原创品牌项目包括全球双语直播品牌《直观北大 LIVE PKU》、高质图片直播品牌《蓝图北大 | PHOTO PKU》、《大学堂》北大讲坛、《临湖夜话》等。

北京大学海外传播办公室策划制作北大对外传播系列视频，包括《北大师说》《北大体验》《北大印象》《北大学科》《北大科研》《北大学人》《PKU MINUTES》等。

2. 清华大学

清华大学从线上、线下两个方面大力推进高校品牌形象海外传播工程。

清华大学跨文化传播的线下传播方式包括以下几种。

其一，国际科技合作联盟。截止到2020年底，清华大学已与英国剑桥大学、帝国理工大学、日本东京大学、东北大学、加拿大多伦多大学、阿尔伯塔大学、澳大利亚新南威尔士大学、俄罗斯圣彼得堡帝国理工大学、德国亚琛工业大学等16所大学与科研机构签署了战略科研合作协议，并启动联合种子基金项目近160项。

其二，联合研究中心。清华大学先后与美国霍普金斯大学、新加坡国立大学等国外大学和研究机构，以及丰田汽车公司、西门子公司、波音公司、微

软公司、三星公司等 30 多家海外企业成立联合研究中心。

其三，联合研究项目。在关系国计民生的重点学科领域，清华大学联合世界一流大学和行业先锋企业，共同开展项目研究。通过共同研究，深入了解行业发展和引入国际领先企业优质研究资源，加强产学合作，推广先进技术。

其四，海外基地。清华大学积极拓展优质国际化办学资源，构建科研教育全球伙伴体系和基地，形成了四大海外基地，分别是全球创新学院、中意设计创新基地、东南亚中心和拉美中心。

其五，国际联盟。清华大学与海外高校和组织机构合作成立了中英高等教育人文联盟（China-UK Association for the Humanities in Higher Education）、亚洲大学联盟、世界大学气候变化联盟、世界慕课与在线教育联盟（Global MOOC and Online Education Alliance，GMA）等。

除以上项目之外，清华大学在海外知识交流中心、委托研发、技术转让项目等方面均与多家海外机构之间存在合作。

线上传播平台包括 Google、Wiki、Twitter、Facebook、Instagram、YouTube。

清华大学的海外线上传播平台粉丝量逐年递增，影响力逐渐上升。从内容上来看，清华大学海外线上传播平台以学术作为主要内容（见图 6-13）。

Tsinghua 高频词汇

图 6-13　清华大学海外平台高频词汇示意图

（二）打造海外传播话语体系

新时代，高校跨文化传播时应注意构建国外受众听得懂、听得进、听得明白的话语体系，不断提升对外传播效果。针对海外受众的思维、语言、文化等进行差异化研究，建立海外传播话语体系，立体化地打造中国高校的国际形象。

以高校官方网站跨文化传播为例。官方网站是高校形象跨文化传播，以及维护高校声誉的主要平台。在进行官方网站建设时，高校应当注重话语体系的适应性。现阶段我国高校官方网站跨文化传播存在原文和译文对应严重、译文语言质量有待提高的现象，新时代应对这一点进行改革。

除此之外，新时代高校形象海外传播过程中还应重视高校网站的色彩。通过把握海外受众的色彩喜好心理和色彩审美价值观等方式提升高校形象跨文化传播效果（表 6–12）。

表6–12 部分海外高校网站色彩分析一览表

高校名称	框架色彩	一级标题	二级标题	新闻标题	超链接
麻省理工学院	黑色	浅蓝色	白色	红色	红色 + 下划线
哈佛大学	黑灰色	红色	白色	黑灰色 / 红色	红色 + 下划线
斯坦福大学	深红色	浅灰色	浅灰色 / 红色	浅灰色 / 红色图标	红色 + 下划线
剑桥大学	黑色	白色	浅蓝色	黑色	下划线
牛津大学	蓝黑色	白色	浅蓝色	黑色	红色 + 下划线

我国高校在进行跨文化传播和高校声誉维护时可对海外高校网站色彩进行分析，结合西方审美文化与中国传统文化对网站色彩进行合理化设置，以提升高校形象跨文化传播效果。

（三）构建海外传播机制体制

新时代高校形象的跨文化传播应当充分利用新技术的发展成果，综合各种传播资源，打造一支专业化和复合型的高校传播队伍，借助各种手段进行高校形象传播和声誉维护。例如，借助高校海外形象宣传片、各种国际竞赛、国际文化交流活动、海外校友群等资源。

近年来，高校在海外传播的过程中逐步转变“宏大叙事”模式，注重具体化、形象化、可触及化的传播模式，倾向于利用体验化、场景化、个体化叙事方式，从日常场景出发，让海外受众产生情感强连接，提升海外网络传播效果。然而，高校在海外网络传播叙事方式、传播的艺术性与技术性、话语亲和力等方面仍有创新和提升空间。

参考文献

[1] 张勋宗．公共关系理论与实务[M]. 成都：电子科技大学出版社， 2006.

[2] 芦文慧．高校公共关系理论与实践[M]. 沈阳：东北大学出版社， 2008.

[3] 邓月英．公共关系[M]. 上海：复旦大学出版社，2009.

[4] 张金海，程明．新编广告学概论[M]. 武汉：武汉大学出版社，2009.

[5] 王虹，严光菊．医院公共关系学[M]. 成都：西南交通大学出版社， 2012.

[6] 于舸．主持语言与艺术展望[M]. 长春：吉林大学出版社，2017.

[7] 张毅，王立峰．标志与CIS设计[M]. 重庆：重庆大学出版社，2018.

[8] 宋凯．社会化媒体起源、发展与应用[M]. 北京：中国传媒大学出版社，2018.

[9] 姚东明．全国高等中医药院校规划教材 广告学 供市场营销专业用[M]. 北京：中国中医药出版社，2018.

[10] 马骋，李利鹏．视觉艺术传播与管理研究[M]. 上海：上海大学出版社，2019.

[11] 金良奎．公共关系理论与实务[M]. 成都：西南交通大学出版社， 2019.

[12] 杨华玲，潘丽君，高英．公共关系学：第2版[M]. 北京：北京理工大学出版社，2019.

[13] 陈尚义．试论影响高校形象的十大基本要素[J]. 福州大学学报（哲学社会科学版），2005(04)：89-92.

[14] 班秀萍，郭晓伟，常青，等．信息网络国际化趋势下的CIS战略[J]. 集团经济研究，2006(8X)： 54-55.

[15] 李奇勇，曹叔亮．高校形象塑造与高校公共关系[J]. 中国电力教育，2007(07)：9-11.

[16] 杨军，何霞．论网络环境下的高校形象管理[J]. 四川建材，2008(05)：162-164.

[17] 王健．高校网络舆情的监测与引导[J]. 信息网络安全，2009(03)，54-57.
[18] 杜丹．蔡元培的人格魅力对北京大学精神的影响[J]. 文教资料，2011(12)：172-175.
[19] 丁义浩，王铄．当前高校网络舆情工作中存在的问题及对策[J]. 东北大学学报（社会科学版），2013，15(4)：424-428.
[20] 许萍，刘佳超，高郁．以“礼”贯穿高校涉外工作——浅谈高校外事礼仪[J]. 黑龙江教育（理论与实践），2014(02)：32-33.
[21] 孟园．社会化媒体环境下高校网络舆情危机事件回应效果影响因素研究[D]. 哈尔滨：哈尔滨工程大学，2018：123-124.
[22] 吴小英．公共关系学视角中的高校形象管理研究[J]. 中国高教研究，2011(06)：68-70.
[23] 蒋楠．中国公共关系三十年发展对传媒业的影响分析[J]. 浙江大学学报（人文社会科学版），2012，42(04)：217-224.
[24] 李智超．高校新闻发言人制度在应对突发事件中的作用[J]. 传媒论坛，2019，2(21)：96，98.
[25] 刘晓程，李旭红．专业化与学科化共生：改革开放40年中国公共关系学发展的回顾与展望[J]. 南昌大学学报（人文社会科学版），2019，50(03)：93-100.
[26] 李鑫，米俊魁，赵荣辉．高校定位的价值取向研究[J]. 内蒙古师范大学学报（教育科学版），2019，32(04)：8-11.
[27] 李卫．湖南省民办高校的定位特色研究[J]. 高教学刊，2020(26)：48-50，54.
[28] 母海燕．新媒体背景下民办高校形象建设研究[J]. 新闻传播，2021(16)：161-163.
[29] 刘松华．民办高校品牌活动国际推广——以国际大学生时尚设计盛典为例[J]. 黑龙江画报，2021(10)：152-154.
[30] 王玮．中国高校形象建设研究[D]. 上海：华东师范大学，2005.
[31] 叶芃．地方高校定位研究[D]. 武汉：华中科技大学，2005.
[32] 阮超．论高等教育产业化中高校品牌形象的塑造[D]. 上海：东华大学，2006.
[33] 吴世家．中美公共关系高等教育比较研究[D]. 上海：复旦大学，2007.
[34] 吉伟．高等学校品牌形象塑造的若干思考[D]. 苏州：苏州大学，2007.
[35] 文波．高等院校形象塑造研究[D]. 长沙：中南大学，2008.
[36] 李雄．大学品牌形象塑造研究[D]. 汕头：汕头大学，2008.

[37] 许萍萍．高校公众形象管理研究[D]．福州：福建师范大学，2009.

[38] 张文雯．高校危机公关论析[D]．北京：北京林业大学，2009.

[39] 张英．社会需求视角下我国地方高校定位问题研究[D]．成都：西南交通大学，2009.

[40] 张晶晶．关于大学品牌形象图腾与铭文的研究[D]．大连：辽宁师范大学，2010.

[41] 曹艳红．我国“985工程”高校定位问题研究[D]．天津：天津大学，2011.

[42] 尉慧靓．网络传播对高校形象塑造的影响研究[D]．成都：电子科技大学，2012.

[43] 孙沙．危机事件背后的大学媒介形象重塑研究[D]．西安：陕西师范大学，2013.

[44] 劳义敏．高职院校形象要素研究[D]．上海：上海师范大学，2013.

[45] 欧阳云．以高校形象识别系统为基础的高校品牌文化建设研究[D]．合肥：合肥工业大学，2014.

[46] 郭伟．高校媒介形象的构建分析与策略研究[D]．西安：陕西师范大学，2014.

[47] 马国燕．社会化媒体背景下的高校形象管理研究[D]．武汉：武汉理工大学，2015.

[48] 孙乾杰．新媒体网络传播对高校形象的影响及高校应对策略研究[D]．南宁：广西大学，2015.

[49] 杨秀秀．新媒体环境下高校品牌传播方式的变革[D]．南昌：南昌大学，2015.

[50] 马仁义．高校微博对高校形象塑造的影响研究[D]．上海：上海交通大学，2015.

[51] 秦冬雪．西方公共关系研究现状[D]．兰州：兰州大学，2017.

[52] 冯露．官方微信对高校形象的塑造与传播[D]．兰州：兰州大学，2018.

[53] 阿赛乐（ASSEL ZARLYKKHAN）．哈萨克斯坦留学生对中国高等教育形象的认知研究[D]．武汉：华中农业大学，2019.

[54] 姚斌．西安PH民办高校品牌形象管理研究[D]．西安：长安大学，2020.

[55] 邱岍．基于形象修复理论的高校舆情应对研究[D]．上海：华东师范大学，2020.

[56] 张凯悦．媒体微博中高校教师媒介形象的研究[D]．长春：吉林大学，2020.

[57] 曹博伦．高校管理危机事件舆情应对研究[D]．成都：电子科技大学，2020.

[58] 朱梦晗，林兴发．网络媒体关于高校教师形象报道的议题及立场分析[J].科技传播，2022，14(01)：109-112，120.

[59] 软实力也是硬道理——为什么要推进文化创新和深化文化体制改革[N].光明日报，2008-07-30.